Zum Buch: Ob Heiliger Geist oder Heiliger Krieg: Seit Jahrzehnten war das Interesse an den Religionen nicht so intensiv – und gleichzeitig das fundierte Wissen so gering. Hier schafft die »Westentasche Weltreligionen« ideale Abhilfe. Ob Buddha oder Sünde, Vielgötterei oder Prophetie, Nirwana oder Jüngstes Gericht: Stephan Schlensog erklärt die wichtigsten Begriffe aus Christentum, Islam, Judentum, Hinduismus, Buddhismus und der Chinesischen Religion. Er zeigt historische Entwicklungen der einzelnen Religionen ebenso auf wie Querverbindungen und Gemeinsamkeiten zwischen den Weltreligionen. Auch das Trennende, was sich nicht zuletzt in zahllosen blutigen Konflikten rund um die Welt niederschlägt, wird klar thematisiert.

© Katja Flatters

Stephan Schlensog, Dr. theol., geboren 1958, studierte Theologie und Indologie. Er war wissenschaftlicher Mitarbeiter bei Hans Küngs großem Projekt zur religiösen Situation der Zeit (Judentum, Christentum, Islam) und entwickelte die CD-Rom »Spurensuche« zu Küngs gleichnamigem Multimedia-Projekt. Bei Piper liegen von ihm »Hinduismus« und »Denkanstöße zum Glauben« vor. Stephan Schlensog ist Generalsekretär der Stiftung Weltethos in Tübingen.

Stephan Schlensog

Die Weltreligionen
für die
Westentasche

Mit einem Vorwort von Hans Küng

Mit 10 Schwarzweißabbildungen

Piper
München Zürich

Mehr über unsere Autoren und Bücher:
www.piper.de

Zu weiteren Titeln dieser Reihe siehe die Hinweise
am Ende des Buches.

FSC
Mix
Produktgruppe aus vorbildlich
bewirtschafteten Wäldern und
anderen kontrollierten Herkünften
Zert.-Nr. GFA-COC-1298
www.fsc.org
© 1996 Forest Stewardship Council

ISBN 978-3-492-05214-6
© Piper Verlag GmbH, München 2008
Umschlaggestaltung: Büro Jorge Schmidt, München
Umschlagillustration: Isabell Klett, Stuttgart
Gesamtherstellung: Kösel, Krugzell
Printed in Germany

Meinen Schwestern
Angelika und Bärbel
und meinen Eltern:
in Dankbarkeit
für unseren
gemeinsamen Weg.

»Das Eins-Seiende
benennen die Dichter vielfach.«

(Hinduismus, Rigveda I, 164, 46)

Vorwort
von Hans Küng

Es war nie mein Ehrgeiz, besonders dicke Bücher zu schreiben. Aber ich habe einige geschrieben, weil die Weite der Problematik und die komplexe Methodik es erforderten.

Der Verfasser dieses Buches hier, der Theologe und Indienkenner Dr. Stephan Schlensog, hatte den Ehrgeiz, ein besonders kleines Buch zu schreiben. Und dieses über ein Thema, das so weit ist wie unsere Erde und so tiefgründig wie unsere Meere.

Wer über die Weltreligionen ein kurzes Buch für die »Westentasche« schreiben will, braucht nicht nur Mut, sondern vor allem Kenntnisse. Diese hat sich der Verfasser angeeignet im Laufe vieler Jahre, vor allem durch die Mitarbeit an meinen Büchern und dokumentarischen Filmen und durch die Arbeit an seinem eigenen dicken Buch über Hinduismus – und nicht zuletzt durch seine vielfältigen Kontakte mit Menschen aus allen Religionen der Welt.

Und so ist Stephan Schlensog jetzt fähig, Botschaft und Geschichte von Hinduismus, Buddhismus und chinesischer Religion, von Judentum, Christentum und Islam in wenigen Zügen zu zeichnen, über ihre Stifter und Schriften zu berichten, einige zentrale Themen herauszuarbeiten, ihre Symbole zu deuten und schließlich auch die Herausforderungen zu benennen, vor denen diese Religionen heutzutage stehen. Dies alles auf knappen 130 Seiten: keine langweiligen Lexikon-Artikel, sondern wissenschaftlich begründete und zugleich unterhaltsame Antworten auf das, was man heute über die Weltreligionen wissen will.

Ein kompaktes, handliches und zugleich lebendig geschriebenes und allgemein verständliches Buch: Geschäftsreisende oder Urlauber werden es gerne mit sich nehmen, viele werden es zu Hause zum Nachschauen in Griffnähe haben, andere es aber in bequemen kleinen Stücken von vorn nach hinten lesen wollen.

Sofort stellen sich zu den Religionen viele Fragen ein. Aber damit dieses Vor-Wort zu einem kurzen Buch nicht lang wird, überlasse ich alle folgenden Worte dem Verfasser, dem ich für sein Buch eine breite Leserschaft wünsche.

Tübingen, im Mai 2008   *Hans Küng*

Weltreligionen
für die Westentasche?

Jeder Zeitungsleser weiß es: Religion ist (wieder) ein Thema. Wer die Welt von heute verstehen will, muss die Weltreligionen kennen. Aber wo anfangen? Die Masse der Themen, Fakten, Personen, Fragestellungen ist nahezu grenzenlos. Hunderte Seiten könnte man über eine Religion allein schreiben und hätte manches nicht behandelt. Deshalb ist dieses kleine Büchlein für den Autor eine besondere Herausforderung: Was schreibt man Menschen, die einen Erstzugang zu den Weltreligionen suchen, vielleicht auch ihr vorhandenes Wissen vertiefen möchten, auf so knappem Raum?

Vierundvierzig Themen habe ich mir schließlich vorgenommen – nicht weil dies eine besonders heilige Zahl ist, sondern weil es sich so ergeben hat –, mit denen ich an zentrale Fragen und Themenkomplexe heranführen möchte: an die Botschaft und Geschichte der großen Weltreligionen, an ihre Symbol- und Stifterfiguren und ihre Heiligen Schriften, an zentrale Themen und Herausforderungen heute, an ihre wichtigsten Symbole.

Lust auf Religion möchte ich mit diesem Büchlein machen, Interesse wecken, sich weiter mit Weltreligionen zu beschäftigen. Warum?

Erstens: Wie immer man die Gretchenfrage für sich selber beantwortet, ob man gläubig ist oder ungläubig, zweifelnd oder suchend: In einer zunehmend globalisierten Welt wird jeder immer wieder und immer mehr mit Religion konfrontiert. Ob an einer Schule oder Universität, einem Betrieb oder auf Reisen: Überall begegnet man Menschen und Kulturen, die stark von Religion geprägt sind und die man ohne elementare Kenntnisse ihrer Religion nur oberflächlich versteht.

Zweitens: Weil Religion bei all ihrer Ambivalenz und allen zu kritisierenden Extremen dem Menschen heute nach wie vor etwas zu sagen hat. Es sind die großen Fragen unseres Lebens – Woher kommen wir? Wohin gehen wir? Wie sollen wir uns verhalten? Was trägt unser Leben im Grunde? –, die sich dem Menschen sein Leben lang stellen. Und für Gesellschaften, deren Pulsschlag mehr und mehr von den Aktienmärkten getaktet wird statt von Werten wie Rücksicht, Solidarität und Menschlichkeit, könnte die Besinnung auf das Humanisierungspotenzial der Religionen in mancher Hinsicht bereichernd sein.

Und drittens: Weil es spannend ist. Denn die Geschichte der Weltreligionen, ihre Leitfiguren und ihre großen Themen haben einiges zu bieten, was den eigenen Lebenshorizont erweitern, was dem eigenen Leben Orientierung und Perspektive geben kann.

Besonders danken möchte ich an dieser Stelle meinem großartigen Lehrer Prof. Dr. Hans Küng, dessen Arbeit ich seit langem begleite und von dem ich dabei manches lernen durfte, was auch in dieses Buch eingeflossen ist. Danken möchte ich aber auch dem Piper Verlag, der dieses Buch möglich gemacht hat, und Herrn Nikolaus Wolters für seine hilfreiche Textredaktion und Arbeit am Register.

Und wer nach der Lektüre Lust auf mehr bekommen hat, der oder die möge weiterlesen. Es gibt viel gute Literatur über Weltreligionen. Nach dem eben Gesagten möchte ich aber besonders jene einschlägigen Arbeiten von Hans Küng empfehlen, in deren Entstehung ich auf unterschiedliche Weise involviert war: das Multimediaprojekt *Spurensuche. Die Weltreligionen auf dem Weg* und Küngs große Werke *Das Judentum, Das Christentum, Der Islam.* Und wer an indischen Religionen interessiert ist, dem bietet mein Buch *Der Hinduismus* – nach derselben Methode angelegt wie Hans Küngs Religionentrilogie – eine Fülle vertiefender und weiterführender Informationen.

Tübingen, im Mai 2008   *Stephan Schlensog*

BOTSCHAFT UND GESCHICHTE

Buddhismus

Indien, im 7. Jahrhundert vor unserer Zeit: Die Arier [→ Hinduismus] sind sesshaft geworden, städtische Zentren entstehen, mit ausdifferenziertem Sozialsystem und hoch entwickelter Infrastruktur, aus Stammesverbänden formieren sich erste Fürstentümer. Die veränderten sozio-ökonomischen Verhältnisse in den neuen Metropolen sind der Nährboden für neue religiöse Ideen, die mehr sind als bloße Fortschreibung der Hindutradition. Neue religiöse Lehrer treten auf, unter ihnen auch Siddhartha Gautama, genannt → »Buddha«, der Begründer des Buddhismus.

Ausgangspunkt ist Buddhas Erleuchtungserfahrung nach wechselhaften Jahren existentieller und spiritueller Suche. In der »Predigt von Benares« legt er schließlich fünf früheren Gefährten seine erlösende Erkenntnis in den »Vier Edlen Wahrheiten« dar und setzt damit das »Rad der Lehre« in Bewegung [→ Rad].

Was ist Leiden? Das ganze Leben ist von Anfang an mit Leiden behaftet. Geburt, Alter, Krankheit, Kummer, Schmerz, Unrast, Scheitern, Sterben: Alles ist leidvoll.

Wie entsteht dieses Leiden? Quelle des Leidens ist jener »Lebensdurst«, der den Menschen fesselt, und der Wunsch nach Stabilität und Sicherheit, das Streben nach Vergnügen, Reichtum, Macht.

Was ist zu tun? Es gilt, diesen Durst aufzugeben, zu überwinden, zu vernichten, sich aus der Verstrickung des Daseins zu lösen.

Wie kann das Leiden überwunden werden? Auf einem »achtfachen Pfad«: Er beginnt mit dem Entschluss, das Leid überwinden zu wollen, mündet in die ständige Einübung eines bewussten, moralischen Lebens und findet schließlich sein Ziel in der Meditation.

Ziel buddhistischer Meditation ist es, den Glauben an die Beständigkeit der Dinge als Illusion zu entlarven und die Dinge so zu sehen, wie sie wirklich sind: als unbeständig, leidvoll, ohne Wesenskern. Buddha spricht vom Nicht-Selbst des Menschen, doch lehnt er es ab, über die Existenz eines Ich oder einer unsterblichen Seele zu spekulieren. Später wird man daraus die »Anatman«-Lehre *(Pali: anatta)* entwickeln, die Lehre vom Nicht-Selbst des Menschen, welche die individuelle Existenz gänzlich negiert. Und im Mahayana-Buddhismus wird man schließlich sagen, dass alles Existierende nur in Abhängigkeit besteht *(pratitya-samutpada)* und deshalb in Bezug auf seine Selbstnatur »leer« *(shunya)* ist.

Mit seinen ersten Anhängern gründet Buddha den *Sangha*, einen Bettelorden von Mönchen und Nonnen, und eine Gemeinschaft frommer Laien. Doch ab Mitte des vierten vorchristlichen Jahrhunderts spaltet sich die buddhistische Gemeinde. Es gibt Streit um die rechte Auslegung von Buddhas Lehre *(dharma)* und um die Frage, wer zu dieser Auslegung überhaupt ermächtigt sei. Auf mehreren Konzilien werden Lehr- und Nachfolgestreitigkeiten diskutiert, und nach und nach wird der → buddhistische Kanon festgelegt. Es entstehen drei große buddhistische Strömungen, die als verschiedene »Fahrzeuge« *(yana)* auf dem Weg zur Erleuchtung bezeichnet werden:

Hinayana (»Kleines Fahrzeug«): abwertende Bezeichnung der Mahayana-Vertreter für jene konservativen Mönche, die behaupten, allein die ursprüngliche, reine Lehre Buddhas, die »Lehre der Ältesten« zu bewahren – deshalb auch Theravada, »Lehre der Ordensältesten«, genannt. Faktisch handelt es sich dabei um jenen »südlichen« Buddhismus, der sich schon früh nach Sri Lanka, Birma, Thailand, Malaysia, Kambodscha und Laos ausgebreitet hat.

Mahayana – das ist das »Große Fahrzeug« jener, die zwischen dem ersten und fünften Jahrhundert n. Chr. auf Grundlage neuer Texte Teile der buddhistischen Lehre neu interpretieren und formulieren: Sie treten u. a. für eine Öffnung des Sangha für Laien ein und halten alle Wesen, nicht nur Mönche, fähig zur Erleuchtung. Dieser Buddhismus breitet sich über die Seidenstraße nach China aus und gelangt von dort in einer ganz eigenen Prägung nach Korea und Japan (Zen-Buddhismus).

Vajrayana (»Diamant-Fahrzeug«; Diamant als Symbol des Unzerstörbaren, Absoluten): Um die

Mitte des 1. Jahrtausends in Nordost- und Nordwestindien entstanden, flossen damit u. a. alte esoterisch-magische Praktiken und psychologisierender Ritualismus in die Vorstellungswelt des Mahayana-Buddhismus ein. Er gelangt über Nordindien nach Tibet und bildet dort in Synthese mit der alten tibetischen Bön-Religion ab dem 8. Jahrhundert den Tibetischen Buddhismus.

In Indien erlebt der Buddhismus schon früh unter König Ashoka und anderen regionalen Herrschern Zeiten der Blüte. Doch innere Erstarrung und vor allem der Druck der muslimischen Eroberer lassen den Einfluss des Buddhismus in seinen einstigen Kerngebieten wie in Teilen Süd- und Mittelasiens mit der Zeit schwinden und den Buddhismus in Indien ab dem 15. Jahrhundert ganz erlöschen.

Die großen Ausbreitungsgebiete des Buddhismus liegen faktisch außerhalb Indiens. Mehr oder weniger fest etabliert hat sich der Buddhismus in den Ausbreitungsgebieten des Theravada und Mahayana, einschließlich Tibet. Seit Ende des 19. Jahrhunderts sorgen buddhistische Erneuerungsbewegungen für eine »Renaissance« des Buddhismus vor allem in Indien und Ceylon. Auch in Europa und Amerika entdeckt man den Buddhismus als religiöse Alternative, dort erfreut sich der Buddhismus zunehmender Beliebtheit und Attraktivität.

Chinesische Religion

Denkt man an China und chinesische Kultur, so verbindet man damit nicht unbedingt »Religion«. Chinesische Kultur steht für viele eher für den ethischen Humanismus eines → Konfuzius, vielleicht auch für esoterische Naturphilosophie, wie sie im Feng-Shui auch in westlicher Wohn- und Lebenskultur Eingang gefunden hat, oder für → Yin und Yang, Chigong oder chinesische Medizin. Aber dies alles hat, mehr oder weniger, auch mit Religion zu tun. Und trotz Maos Kulturrevolution und trotz des kommunistischen Einheitsstaates ist für zahllose Chinesen heute die Verwurzelung in der traditionellen Kultur und Religion von großer Bedeutung.

Auch die chinesische Kultur hat sich allmählich entwickelt. Frühe Zeugnisse sind beschriftete Keramiken aus der Jungsteinzeit, dann die vor 3000 Jahren einsetzende Geschichtsschreibung. Nach der chinesischen Ur- und Frühgeschichte beginnt mit der Shang-Dynastie im 16. Jahrhundert v. Chr. das chinesische Altertum, das gut 800 Jahre dauern sollte.

Schon die frühe chinesische Kultur ist eine stark religiös geprägte Kultur. Mensch und Kosmos, Himmel und Erde, Göttliches und Weltliches gehören zusammen. Sie ist geprägt von Schamanentum, Wahrsagung und Ahnenverehrung. Selbstverständlich ist – bis heute – der intensive Kontakt mit Geistern, Göttern und Ahnen, jenen Geistern der Verstorbenen, die nach traditionellem Verständnis mit den Hinterbliebenen über den Tod hinaus in aktiver Beziehung stehen, deren Leben beeinflussen und entsprechend verehrt und unterhalten werden müssen.

Drei Ebenen umfasst das Weltbild der alten Chinesen: unten das Reich der Toten, darüber die Erde als Aufenthaltsort der Lebenden, schließlich oben der Himmel, der Ort der Ahnen und Götter. Als höchste Gottheit gilt der menschenähnliche aber entfernte himmlische »Herr« oder »Herr in der Höhe«, dem alles untersteht.

Mit der Ära des chinesischen Humanismus [→ Konfuzius] beginnt in China nach dem Altertum eine Zeit des geistigen Aufbruchs. Dem Menschen und seiner Vernunft wird Vorrang eingeräumt vor Geistern und Göttern, die aber nie ganz verdrängt werden. So ist auch für Konfuzius der »Himmel« *(tian)* stets präsent, von dem er sich berufen sieht und den er als wirksame Macht und Ordnung verehrt: »Wer gegen den Himmel sündigt«, soll er einmal gesagt haben, »hat niemand, zu dem er beten kann.« (Gespräche 3,13).

Die alte chinesische ganzheitliche Sicht von Materiellem und Geistigem hat auch in dieser Zeit Bestand. Kosmologische Vorstellungen, Elementen- und Energielehren, Alchemie und Methoden zur Kultivierung von Körper und Geist fließen schließlich in jener Tradition zusammen, die verallgemeinernd als »Daoismus« bezeichnet wird.

»Dao« ist ein alter Begriff und heißt »Weg«, »Lehre«, »Gesetz«, »Ordnungsprinzip«. In der wohl berühmtesten chinesischen Weisheitsschrift, dem

Daode-Jing, (»Klassiker vom Weg und seiner Kraft«),
dem legendären Weisen → Laozi zugeschrieben, erlangt er universale Bedeutung. »Dao« wird zum alles
einschließenden Weg, zum Urgrund allen Seins, aus
dem einst die beiden komplementären Kräfte → Yin
und Yang hervorgegangen sind, in deren Wechselspiel dann die ganze Welt entstand und besteht. Das
Dao ist überall in der Natur präsent, und der Mensch
kann es auf intuitive Weise erkennen. In absichts-
losem Handeln oder »Nicht-Handeln« *(wu-wei)* soll
er sein stilles Wirken nachahmen, sich mit dem Dao
vereinen. Deshalb die weichen, fließenden, langsa-
men Übungen des Tai-Chi und Chigong: Sie sollen
Spannungen lösen, Bewusstsein, Atem und Bewegung koordinieren, helfen, sich auf das Wesentliche
zu konzentrieren, das Dao zu erfahren.

Ab dem 1. Jahrhundert v. Chr. gewinnt das Yin-
Yang-Denken an Einfluss und fördert die gegensei-
tige Durchdringung von Daoismus und Konfuzianis-
mus: Der Daoismus findet Eingang auch bei den
Gebildeten, umgekehrt nimmt der Konfuzianismus
Elemente des daoistischen Naturverständnisses auf.

Doch daoistische Naturmystik, Elementenlehre
und Yin-Yang-Denken haben nicht nur die chinesische Weltsicht und Lebenskultur umfassend geprägt. Sie finden auch im Westen immer größere
Verbreitung. Populär sind nicht nur die Meditations-
und Bewegungsübungen des Tai-Chi und Chigong,
sondern auch Feng-Shui, jenes auf alten Energie-
und Elementenlehren aufbauende System zur Har-
monisierung von Lebensräumen (ursprünglich zur
Planung von Grabstätten), und vor allem die chine-

sische Medizin mit Akupunktur, Kräuterheilkunst und anderen traditionellen Therapien.

Die Grenzen zwischen Philosophie, Mystik und Religion sind im Daoismus fließend, unterschiedlichste philosophische und religiöse Strömungen haben sich über die Jahrhunderte vermischt. Im Jahr 142 n. Chr. berichtet der Einsiedler Zhang Daoling von einer Vision, die er dem »Höchsten Herrn Lao«, dem vergöttlichten Laozi, zuschreibt: Dieser soll Zhang zum »Himmelsmeister« ernannt haben mit dem Auftrag, die Moral wieder aufzurichten und den wahren Glauben einzuführen. Es entsteht eine hierarchische daoistische »Kirche«, mit Priesterinnen und Priestern, Mönchen und Nonnen und dem Glauben an Götter und Geistwesen, mit den »Drei Reinen«, unter ihnen der »Höchste Herr Lao«, an der Spitze. Sie gilt als die Haupterbin der alten chinesischen Volksreligion.

Die dritte Säule chinesischer Religion ist der Buddhismus, der schon im 1. Jahrhundert über die Seidenstraße und den Seeweg nach China gelangt. Unter daoistischem Einfluss entsteht ein neuartiger Meditationsbuddhismus – der Ch'an-Buddhismus, in Japan zum Zen-Buddhismus weiterentwickelt – und ein spezieller Glaubensbuddhismus mit eigener buddhistischer Liturgie.

Christentum

Ein kritischer Theologe, Alfred Loisy, hat einmal geschrieben: »Jesus verkündete das Reich Gottes, und gekommen ist die Kirche.« Auch wenn das zugespitzt formuliert ist, so steckt darin doch Wahres. Jedenfalls fragt man sich, wie aus der Reich-Gottes-Botschaft jenes jüdischen Wanderpredigers aus Nazaret so mächtige Institutionen wie die christlichen Kirchen werden konnten, allen voran die römisch-katholische, ja, wie aus jener kleinen jüdischen Messiasbewegung die größte und mächtigste Weltreligion werden konnte: das Christentum.

Jesu Botschaft war unbequem und provozierend, sein Schicksal dramatisch [→ Jesus], und die junge Christenheit, jetzt ohne Führer, schien in einem aufs Ganze gesehen feindlichen Umfeld kaum Überlebenschancen zu haben. Doch es kam anders. Die christliche Botschaft von Fürsorge und Nächstenliebe ließ im sozial gespaltenen Galiläa aufhorchen. Für gesellschaftliche Randgruppen, Schwache und Benachteiligte, besonders Frauen, muss das egalitäre Ethos der frühen Christen attraktiv gewesen sein.

Entscheidend wird das Verhältnis der ersten Christen zum Judentum. Die Mitglieder der Jerusalemer Urgemeinde sind allesamt Juden. Doch sie feiern Jesu Abschiedsmahl zu seinem Gedächtnis und taufen Neuchristen auf seinen Namen. Bald gerät die Gruppe um Stephanus (die »Sieben«), griechisch sprechend und gesetzeskritisch, in Konflikt mit den Strenggläubigen, auf dessen Höhepunkt Stephanus im Jahr 36 gesteinigt wird. Die Frage spitzt sich zu: Inwieweit müssen Christen jüdisch leben und alle 613 kultisch-rituellen Gebote des jüdischen Gesetzes halten?

Die Lösung bringt ein gewisser Paulus, asketischer Jude aus Tarsus, der sich nach einem Bekehrungserlebnis bei Damaskus der christlichen Sache verschreibt und zu ihrem bedeutendsten Botschafter wird. Im Konflikt mit Petrus, dem Jerusalemer Gemeindeleiter, um die Tischgemeinschaft mit nichtkoscheren Heiden-Christen – also Christen, die nicht zuvor Juden waren, sondern ungläubige »Heiden« – setzt er durch: Entscheidend für Christen ist nicht das jüdische Religionsgesetz, sondern allein der Glaube an Christus und seine Auferweckung. Damit öffnet Paulus das Christentum für die nichtjüdische Welt und beginnt mit seinen kühnen Missionsreisen dessen Verbreitung über Kleinasien bis nach Rom.

In den frühen Christengemeinden entstehen erste organisatorische Strukturen mit Leitungsfunktionen, hierarchische Ämter gibt es erst im 2. Jahrhundert. Zwischen 50 und 120 entsteht das → »Neue Testament«. Im Jahr 135 wird Jerusalem von den Römern zerstört und alles Jüdische eliminiert. Das Christentum verliert seinen jüdischen Wurzelboden und erlebt seinen ersten → Paradigmenwechsel: Es wird griechisch. Unter Kaiser Konstantin wird die verfolgte Kirche 380 zur Staatskirche, Konstantinopel, das Zweite Rom, wird anstelle Jerusalems für elfhundert Jahre Zentrum der Christenheit.

Schon nach dem Untergang Jerusalems hatte die Gemeinde der alten Reichshauptstadt Rom den

Ehrenprimat, hoch geachtet neben ihrer karitativen Tätigkeit vor allem wegen der Gräber der Apostel Petrus und Paulus. Mitte des 3. Jahrhundert beruft sich Bischof Stephan von Rom erstmals auf den Vorrang Petri und dessen angebliche Nachfolger.

Vom Ostreich getrennt, entsteht im Westen eine eigenständige lateinische Theologie (Augustin), die schließlich nach der Spaltung von West- und Ostkirche (1054) im mittelalterlichen, römisch-katholischen Christentum kulminiert. Es herrscht ein absolutistischer Papst, der »urbi et orbi«, »der Stadt und dem Erdkreis« gebieten will: Gregor VII. Seine »Gregorianische Reform« führt zur Zentralisierung (Papst als Stellvertreter Petri), Verrechtlichung (Kirchenrecht), Politisierung (Kirche als Macht gegenüber dem Staat), Klerikalisierung (patriarchale, zölibatäre Hierarchie) und Militarisierung (Heilige Kriege, Inquisition) der Kirche.

Bei allen politischen, sozialen und kulturellen Leistungen der mittelalterlichen Kirche kommt auch diese in die Krise. Wegen der Selbstherrlichkeit der Päpste und einer tiefen Krise von Theologie, Kirche und Gesellschaft kommt es 1517 zum welthistorischen Konflikt zwischen dem Papst und einem jungen deutschen Mönch: Martin Luther. Sein Programm »allein die Schrift«, »allein Christus«, »allein durch Gnade« begründet neue reformatorische Kirchen, die das Christentum weltweit verändern sollten. Aber ausgerechnet in der Abendmahlsfrage – neben der Taufe eines von zwei jetzt noch anerkannten Sakramenten – sollte es auch in den »evangelischen« Kirchen bald Streit geben. Einen dritten Weg zwischen Reformation und Katholizismus beschreitet in England seit dem 16. Jahrhundert die anglikanische Kirche.

Für alle Kirchen wird die Moderne, seit der → Aufklärung im 17./18. Jahrhundert weltweit auf dem Vormarsch, zur Herausforderung schlechthin: eine Revolution in Philosophie, Naturwissenschaft, Technologie und Industrie, die sich in der demokratischen Revolution von Staat und Gesellschaft vollendet. Lange, allzu lange versuchen die christlichen Kirchen, sich ihr zu widersetzen.

Doch auch die Moderne gerät in die Krise und erreicht mit den beiden Weltkriegen ihren Tiefpunkt. Eine postmoderne, zunehmend globalisierte, polyzentrische Welt entsteht. Seither befinden sich die christlichen Kirchen im Umbruch, im Spagat zwischen Traditionalismus und Anpassung an die Zeit. Die Dominanz des Christentums gilt als beendet, vielerorts leiden die Kirchen unter Mitgliederschwund und Glaubwürdigkeitsverlust. Dagegen haben antimoderne fundamentalistische Gruppen [→ Fundamentalismus] und neu entstehende charismatische Kirchen weltweit Konjunktur.

Hinduismus

Der Hinduismus ist für den Außenstehenden nur schwer zu verstehen, geschweige denn, zu durchschauen: ungezählte Götter, Tausende Kasten, ein Dickicht von Lebensanschauungen, religiösen Vorstellungen und philosophischen Konzepten, kaum zu durchschauende gesellschaftliche Konventionen. Zudem hat der Hinduismus keinen Religionsstifter, der diese Religion und Kultur mit seiner religiösen Botschaft begründet hätte, er kennt keine allgemeingültigen Dogmen, schon gar kein verbindliches Lehramt. Wie ist er dann entstanden?

Im Wesentlichen grundgelegt wurde der Hinduismus von den in mehreren Wellen ab 2000 v. Chr. vom Kaukasus nach Nordindien eingewanderten indoeuropäischen Ariern (Sanskrit *Arya*, »die Edlen«). Deren religiöse Vorstellungen, dokumentiert in deren heiligem »Wissen«, dem *Veda* [→ Heilige Schriften des Hinduismus], verschmolzen mit lokalen indischen Kulturen, und daraus entstand schließlich jenes Konglomerat, das man heute verallgemeinernd »den« Hinduismus nennt. Aber wie alle Religionen hat auch der Hinduismus in seiner jahrtausendelangen Entwicklung epochale Umbrüche durchgemacht, in denen sich philosophisch-religiöse Vorstellungen verändert haben oder ganz neue entstanden sind.

Seit jeher glauben die Hindus an Götter und göttliche Wesen, die die Welt und das Universum durchwalten und die in vielfältiger Weise für Entstehung und Erhalt alles Seienden verantwortlich sind. Mit dem Aufkommen philosophischer Spekulationen über den Urgrund von Mensch und Welt *(atman* und *brahman)*, über Erlösung und andere Fragen, dokumentiert vor allem in den Brahmanas und den Upanishads, treten der Götterhimmel des Veda und seine Mythologien zusehends in den Hintergrund. Doch Jahrhunderte später, in der sogenannten »klassischen" Zeit, die zwischen 300 vor und 300 nach Christus beginnt und in der sich der Hinduismus zu seiner heute bekannten Form entwickelt, erlebt der Götterglaube eine Renaissance, freilich in neuem Gewand: Neue Gottheiten kommen auf – allen voran Brahma, Shiva und Vishnu mit ihren weiblichen Aspekten oder »Gemahlinnen«. Es entstehen neue Mythen über diese Götter, ihre »Geschichte« und ihr vielfältiges, mitunter auch ambivalentes Wirken.

Nach indischem Verständnis sind die Götter Aspekte jenes allumfassenden namenlosen großen Ganzen, jenes kosmischen Urgrundes allen Seins, den der Mensch philosophisch erkennen und spirituell erfahren kann. Alles, so die indische Vorstellung, ist einem großen kosmischen Prozess endloser Zyklen von Schöpfung, Existenz, Vernichtung und Neuschöpfung unterworfen, den der Einzelne schließlich nach entsprechender geistig-moralisch-spiritueller Läuterung durchbrechen kann, um in dieses große Ganze einzugehen.

So geht es hinduistischer Frömmigkeit bei allem Vollzug vielfältigster frommer Werke – Rituale, Götterverehrung, Tempeldienst, Wallfahrten – vor allem um die Läuterung des Einzelnen, um ein Fortschreiten auf dieser Spirale sich auseinander heraus entwickelnder Lebenszyklen mit dem Ziel endgültiger Befreiung und Erlösung. Denn für den gläubigen Hindu ist klar: Alle Taten und Handlungen *(karma)* meines jetzigen Lebens, positiv oder negativ, prägen meine Seele und wirken sich direkt oder indirekt auf meine nächste Inkarnation aus, so wie umgekehrt mein jetziges Leben das Resultat früher irdischer Existenzen ist [→ Reinkarnation]. Durch die Reinkarnationslehre wird das Denken und Handeln des gläubigen Hindu über dieses Leben hinaus rückgebunden an den *Dharma*, die allumfassende kosmische moralische Ordnung. Ihr ist alles Seiende unterworfen, und es ergeben sich daraus für alles Seiende, vor allem für den Menschen, bestimmte Gesetzmäßigkeiten, Sachzwänge, Pflichten.

Für Hindus ist der Hinduismus mehr als eine Religion. Der Hinduismus versteht sich als idealtypisches Modell für menschliches Verhalten in allen Lebensbereichen, mit dem Anspruch, kosmisch begründet zu sein, sodass es überzeitlich und überregional gelten kann. Der Hinduismus will – in einem umfassenderen Sinn als andere Religionen – Ordnung stiften und Orientierung bieten, möchte dem Leben Ordnung geben: dem Einzelnen seinen individuellen Ort zuweisen in Familie, Gesellschaft und Kosmos (so das positive Verständnis des Kastenwesens), und sein Denken und Handeln im Hier und Jetzt und über dieses Leben hinaus rückbinden an jene allumfassende kosmische Ordnung.

Da die Möglichkeiten der Menschen unterschiedlich sind und sich während eines Lebens verändern, entwickelt die Hindutradition Konzepte nicht nur

von einem idealtypischen Leben in mehreren Le-
bensstadien *(ashrama)* mit je unterschiedlichen
Lebenszielen, sondern später, in klassischer Zeit,
auch von unterschiedlichen Wegen zum Heil. Bis
heute unterscheidet man den verdienstvollen »Weg
des Tuns« *(karmamarga)*, den »Weg der Erkenntnis«
(jnanamarga) und den »Weg der Hingabe« *(bhakti-
marga)* an Gott.

Nicht Resignation oder Gleichgültigkeit, wie oft
behauptet, ist also die Grundstimmung indischen
Lebensgefühls, sondern eher Gelassenheit und zugleich ein Wissen um die Möglichkeit und die Verpflichtung, diese jetzige Lebensspanne aktiv zu
gestalten, sich selber zu läutern: moralisch, spirituell und durch religiöse Erkenntnis. Zu allen Zeiten
schärft die indische Tradition deshalb den Menschen
elementare ethische Standards ein, die für ein wahrhaft menschliches Leben notwendig sind [→ Welt-
ethos].

Die Entwicklung des Hinduismus wurde besonders geprägt durch die Konfrontation mit dem Islam
auf dem Subkontinent ab dem 8. Jahrhundert und
durch die Auseinandersetzung mit Christentum und
europäischer Moderne nach der Kolonisierung Indiens durch die Europäer seit dem 16. Jahrhundert.
Seit dem 19./20. Jahrhundert entstehen neo-hindu-
istische Reformbewegungen, die, mehr oder weniger
politisch, einen Weg suchen zwischen traditioneller
hinduistischer Identität und Anpassung an die Moderne.

Islam

Fälschlicherweise werden Muslime immer wieder als »Mohammedaner« bezeichnet, als ob der Prophet → Muhammad im Mittelpunkt ihres Glaubens stünde. Im Mittelpunkt steht Gott, der Eine und Einzige, den schon Abraham und die Juden verehrten, und dessen »Reich« auch Jesus verkündet hat. »Islam« meint die Hingabe an Gott und sein Wort, das dieser dem Propheten durch einen Engel offenbart hat und das dann im → Koran, dem heiligen Buch des Islam, niedergeschrieben wurde. Und »Muslime« sind jene, die diesen Glauben praktizieren. »Es gibt keinen Gott außer Gott, und Muhammad ist sein Prophet« ist das Glaubensbekenntnis des Islam. Dass es sich um denselben Gott handelt, von dem auch die Bibel zeugt, wird im Koran immer wieder betont, etwa dort, wo Islam als Wiederherstellung der Religion Abrahams *(millat ibrahim)* verstanden wird, und Gott den Propheten auffordert: »Folge Abrahams Religionsgemeinschaft! Ein aus innerstem Wesen Glaubender!« (Sure 16,123).

Insofern will der Islam nichts Neues. Neu ist aber die Entschiedenheit und die prophetische Zuspitzung, mit der dieser Glaube formuliert und gefordert wird: Muslimischer Glaube hat sich vor allem in gelebter Solidarität und Nächstenliebe zu zeigen, und keinerlei Götzen werden neben Gott geduldet. Diese Entschiedenheit, mitunter ins Kämpferische gesteigert, aber auch diese Einfachheit werden Kennzeichen des Islam durch die Jahrhunderte bleiben.

Schon damals hat Muhammads Botschaft provoziert. So sehr, dass er mit einigen Getreuen 622 nach Medina auswandern musste, wo er die erste muslimische Gemeinde *(umma)* gegründet hat: das Jahr 1 der islamischen Zeitrechnung.

Schon zu seinen Lebzeiten werden die an Muhammad ergangenen Offenbarungen aufgeschrieben, aber zunächst nur als einzelne Verse (Suren) rezitiert. Nach Muhammads Tod werden die einzelnen Suren gesammelt und unter seinen Nachfolgern schließlich zu einem heiligen Buch, dem → Koran, zusammengefasst.

Nicht Glaubensstreitigkeiten, sondern Streit um Muhammads Nachfolger (Kalif) führten zum ersten Konflikt und zur bis heute bestehenden Spaltung der Muslime in unterschiedliche Strömungen. Die beiden wichtigsten sind Sunniten und Schiiten. Für erstere muss der Kalif kein leiblicher Nachfolger des Propheten sein, sondern nur aus dessen Stamm kommen. Glaubensgrundlage ist für sie der Koran und die Wegweisung *(sunna)* des Propheten, überliefert in den → Hadithen; sie bilden die Mehrheit der Muslime. Die Schiiten sind die Anhänger der »Partei« *(schia)* Alis, des ermordeten Vetters und Schwiegersohns Muhammads, den und dessen Nachkommen sie allein als rechtmäßigen Kalifen anerkennen. Hadithe, die auf Gewährsleute außerhalb der Prophetenfamilie und vor allem auf Frauen zurückgehen, werden von ihnen abgelehnt. 18 bis 20 Prozent der Muslime sind Schiiten, meist im Iran, Irak und Libanon.

Im Lauf seiner Geschichte hat der Islam mehrere → Paradigmenwechsel durchlaufen, die dieser Religion eine immer neue Prägung gegeben haben. Nach der Spaltung der Urgemeinde setzt sich im 7. Jahrhundert der sunnitische Stamm der Umaiyaden durch und begründet ein zentralistisches arabisches Großreich, das schließlich von Spanien bis nach Indien reicht. Sitz des Kalifen ist Damaskus, die Kalifenwürde wird erblich. Arabisch wird Amtssprache, und das gesamte öffentliche Leben wird islamisiert.

750 führen die Abbasiden, Nachkommen des Prophetenonkels Abbas, gewaltsam »die Wende« herbei. Zentrum ist jetzt die Vielvölkerstadt Bagdad. Der Islam wird eine alle Völker umgreifende Weltreligion und erreicht seine klassische Form mit klassischem Arabisch, persischer Lebensart, hellenistischer Philosophie und Wissenschaft, islamischer Rechtswissenschaft und Theologie.

Im 13. Jahrhundert erobern die Mongolen Bagdad: das Ende der Abbasiden und des letzten Kalifen. Seither fehlt im Islam eine allgemein anerkannte zentrale politische Autorität. Von großer Bedeutung sind jetzt die Ulama, autonome Juristen-Theologen, in Iran Mullas genannt, die bald die Autorität in allen religiösen Fragen beanspruchen. Als Reaktion auf deren allzu rationale Theologie werden die mystischen Sufis [→ Mystik] zu einer bedeutenden islamischen Bewegung.

Seit dem 16. Jahrhundert gibt es drei islamische Großreiche: das Mogulreich in Indien, das schiitische Safawidenreich in Persien und das sunnitische Osmanenreich in der Türkei. Durch die europäischen Kolonialmächte werden sie massiv mit der Moderne konfrontiert, zeigen sich dieser Herausforderung aber kaum gewachsen. Der erste Weltkrieg treibt das letzte noch bestehende Reich, die Osmanen, in den Untergang. Ab den 1950er Jahren befreien sich viele islamische Länder von ihren Kolonialherren. Politische Erfolge in den 1970er Jahren und eine allgemeine Enttäuschung über den Westen und dessen Politik führen zu einem Wiedererstarken des Islam.

Wie in allen Religionen, so gibt es auch im Islam unterschiedliche Reaktionen auf die Moderne. Es gibt muslimische Länder und Gesellschaften, vor allem in Asien, welche die Anliegen der Moderne aufgreifen und offensiv umsetzen. Andere, besonders in Nordafrika und im mittleren Osten, tendieren, teils mit antiwestlich-fundamentalistischer Prägung, eher zu einem traditionalistischen Islam.

Doch für alle Muslime sind seit je her jene »fünf Säulen« des Islam grundlegend, die schon seit den Zeiten der islamischen Urgemeinde gelten: der Glaube an Gott und Muhammad als dessen Gesandter, das tägliche Ritualgebet, die Armensteuer, der jährliche Fastenmonat Ramadan und die Wallfahrt nach Mekka, die – wenn möglich – einmal im Leben durchzuführen ist. In der Tat, ein recht einfacher Glaube: Gerade darin liegt eine der großen Stärken des Islam.

Judentum

Die Anfänge der jüdischen Geschichte – und damit der jüdischen Religion – liegen weitgehend im Dunkel der Geschichte. Sie sind in Erzählungen überliefert, in Sagen, oft mit historischem Kern. Es sind Erzählungen von Stammvätern, »Patriarchen« – Abraham, Isaak, Ismael, Esau, Jakob –, die an den einen und selben Gott glauben und aus denen schließlich die zwölf Stämme Israels hervorgehen. Ein lange Geschichte vom Halbnomadentum bis zur Entstehung einer losen Föderation von Stämmen, die schließlich in Palästina sesshaft werden, mit Heiligtümern und Priesterschaft für den von ihnen gemeinsam verehrten Gott Jahwe.

»Jahwe ist der Gott Israels und Israels ist sein Volk« – so könnte man jenes Glaubensbekenntnis zusammenfassen, das den jüdischen Glauben von Anfang an ausmacht. Es zieht sich wie ein roter Faden durch die jüdische Glaubens-Urkunde, die Hebräische Bibel, von den Christen »Altes Testament« genannt, wohl zwischen 1200 und 70 v. Chr. entstanden [→ Bibel].

Die erste große prophetische Leitfigur des Judentums, auch für Christen und Muslime von grundlegender Bedeutung, ist → Abraham. Manche werden die Berufungsszene aus dem Buch Genesis kennen (Gen 17), in der Gott dem 99-jährigen Abraham und dessen Frau Sara Nachkommen verspricht und ihm und den Seinen die Herrschaft über ein großes Volk und Land verheißt. Dabei wird aber oft übersehen, dass Abraham zu dieser Zeit bereits einen Sohn hat – Ismael, Sohn der »Nebenfrau« Hagar –, dem und dessen Nachkommen, den späteren Arabern bzw. Muslimen, ebenfalls die Verheißung Gottes gilt.

Die zweite große prophetische Leitfigur des Judentums ist → Mose: Jener charismatische Führer, der die kleine Schar Jahwegläubiger aus ägyptischer Gefangenschaft geführt haben soll und der dem Volk Israel schließlich Gottes »Zehn Worte«, die berühmten → Zehn Gebote übermittelt hat, mit denen auch der Bund zwischen Gott und Israel begründet wurde.

Aus der kleinen Schar werden mit der Zeit mehrere Stämme. Unter König David aus Betlehem (1004 – 965 v. Chr.) werden sie geeint, es entsteht ein israelitisches Großreich. Doch schon unter seinem Nachfolger König Salomo beginnt dieses Großreich zu bröckeln und fällt bald auseinander. 300 Jahre nach David wird das »Nordreich« von den Assyrern erobert und das »Südreich« von den Babyloniern besetzt, die schließlich 586 v. Chr. die gesamte israelitische Oberschicht nach Babylon deportieren. Nach fünfzigjährigem Exil wird Jerusalem wieder aufgebaut. Ein neuer Tempel wird errichtet, erst jetzt entstehen Priestertum und Heilige Schriften: nach der Zeit der Stämme und des Großreiches ein neues Paradigma von Judentum.

In den knapp vierhundert Jahren israelitischer Königszeit treten öffentlich Propheten auf in Opposition zu Königen und Priestern, als Warner und Mahner zur Umkehr. Propheten wie Jesaja, Jeremia,

Amos oder Ezechiel brandmarken ungerechte soziale Verhältnisse und Verantwortungslosigkeit, sie fordern ein Grundethos der Gerechtigkeit, Wahrhaftigkeit, Friedfertigkeit und Gottesliebe.

Die kriegerischen Auseinandersetzungen vor allem mit der römischen Besatzungsmacht bringen das Volk Israel erneut in die Krise. 70 nach Christus wird der Jerusalemer Tempel zerstört, im Jahr 135 schließlich ganz Jerusalem: das Judentum fortan zerstreut, in der »Diaspora«: im Nahen Osten, Nordafrika, Europa. Wieder verändert sich das Judentum grundlegend. Ohne Tempel gibt es auch keine Priester mehr, stattdessen jetzt Religionsgelehrte, sogenannte Rabbinern, welche die Heilige Schrift kommentieren und daraus Regeln für das Alltagsleben gläubiger Juden ableiten. Und zum Gebet versammelt man sich jetzt in der Synagoge, wo regelmäßig aus der → Tora gelesen wird.

Während des Mittelalters gelangt das Judentum zu großer Blüte mit starkem Einfluss auf Kultur, Wissenschaft und Wirtschaft. Hochachtung und Bewunderung des Judentums jedoch schlagen oft um in Neid, Hass und Verfolgung, grundgelegt in einem früh aufkommenden kirchlichen Antijudaismus, der in systematischen, oft landesweiten Judenverfolgungen eskaliert. Jahrhunderte später liefert dieser Antijudaismus Grundlage für den verheerenden rassisch-biologistischen Antisemitismus der Nationalsozialisten, dem, neben anderen, Millionen von Juden zum Opfer fallen.

Dabei hatte sich das Judentum so hervorragend mit der Aufklärung und der Moderne arrangiert!

Dank Vordenkern wie Moses Mendelssohn kam es schon früh zum Auszug aus dem geistigen Getto des Mittelalters und zur Modernisierung der gesamten jüdischen Lebensgestaltung. Neben den zionistischen Juden, die für die Wiederaufrichtung eines jüdischen Staates oder Reiches eintraten, und neben den traditionalistischen, mittelalterlich geprägten Orthodoxen entsteht ein aufgeklärtes Reformjudentum: Es lebt in einer spannungsreichen Koexistenz mit der Moderne (Konservative) oder versucht, sich ganz an die moderne Zeit anzupassen. Auch hier zeigt sich das große Spektrum jüdischer Religiosität, das bis heute die Vitalität und innere Dynamik dieser Religion zum Ausdruck bringt.

Der für alle verbindliche und verbindende Kern des Judentums freilich und Mitte jüdischen Glaubens bis heute ist der Glaube an Gott und dessen unerschütterliche Heilszusage: »Jahwe ist der Gott Israels und Israel ist sein Volk.«

STIFTER- UND SYMBOLFIGUREN

Abraham

In Kanaan, im heutigen Israel, spielen die Erzählungen der Stammväter der → Bibel. Es sind Sagen, wohl mit historischem Kern, aus der Zeit zwischen 1900 und 1400 vor Christus. Einer von ihnen ist Abraham, ein Nomade. Aus der Stadt Ur im Süden Mesopotamiens, im heutigen Irak, soll er damals auf Geheiß Gottes mit seiner Sippe ausgewandert sein: den Euphrat entlang Richtung Nordwesten ins heute türkische Haran und von dort weiter gegen Süden nach Palästina. Hier spielt jene Berufungsgeschichte, die viele kennen, deren religionspolitische Konsequenzen aber den wenigsten bewusst sind.

Sie steht im Buch Genesis (ab Kapitel 17) und ist im Kern schnell erzählt: Gott spricht zu Abram, dass er ihn zum Stammvater vieler Völker machen werde. Deshalb heiße er jetzt nicht mehr Abram, sondern »Abraham«, »Vater der Menge«. Mit ihm und seinen Nachkommen schließt Gott einen ewigen Bund: Er wird ihr Gott sein und ihnen ganz Kanaan geben. Zeichen dieses Bundes ist die Beschneidung. Dann verspricht Gott dem 99-Jährigen und seiner Frau Sara einen Sohn, Isaak, aus dem dieses erwählte Volk, nämlich Israel, hervorgehen soll.

Der Haken ist nur, dass Abraham zu dieser Zeit bereits einen Sohn hatte, mit seiner Sklavin Hagar: Ismael. Hagar wird denn auch prompt von Sarah in die Wüste geschickt, was Abraham fast verzweifeln lässt. Doch Gott tröstet ihn: Auch Ismael werde er zu einem großen Volk machen, weil auch er Abrahams Nachkomme ist. Und so wird Ismael zum Stammvater der arabischen Völker, aus denen später die Muslime hervorgehen werden. Auch sie sind beschnitten, zum Zeichen des Bundes mit Gott, auch sie sind Kinder Abrahams.

Die junge Christenheit betont gleich zu Beginn des Neuen Testaments, dass Jesus vom Stamme → Davids ist und in dieser abrahamischen Heilslinie steht. Christen gilt Abraham zudem als Vorbild im Glauben, dessen Verheißungen sich in Christus erfüllt haben. Und das Isaak-Opfer gilt als Prototyp für die Hingabe des Gottessohnes durch den Vater.

Für Muslime ist Abraham schließlich Vorbild bedingungsloser Hingabe *(islam):* Er erlangt Gerechtigkeit durch Gottesglauben, Gottesdienst und gottgefälliges Leben. Und mit seinem Sohn Ismael soll er einst in Mekka die Kaaba als zentrales Heiligtum des einen Gottes begründet haben.

Abraham hat also eine überragende ökumenische Bedeutung. Symbol ist das Abrahamsgrab in Hebron, das Juden, Christen und Muslimen gleichermaßen heilig ist. Interessant am Rande: Das Grundstück für diese Grabstätte hat sich der Immigrant damals nicht mit Gewalt genommen, sondern er hat fair mit der ansässigen Bevölkerung verhandelt. Auch darin könnte Abraham manchen heute ein Vorbild sein.

Buddha

So manches an Buddhas Botschaft und Geschick erinnert an Jesus von Nazaret: Wie Jesus war Buddha durch kein Amt legitimiert, trat in Distanz zum herrschenden religiösen Establishment auf, gab keine philosophische Welterklärung, sondern lehrte einen praktikablen, vernünftigen Weg der Mitte. Und wie Jesus hat Buddha kein Wort seiner Lehre selber aufgeschrieben und der Nachwelt hinterlassen. Aber anders als bei Jesus war es bei Buddha wohl eine massive Existenzkrise, die den 29-jährigen Fürstensohn Siddhartha Gautama erfasste und zu tiefgreifenden Veränderungen in seinem Leben führte.

Geboren 567 oder 563 v. Chr. in Kapilavastu im heutigen Nepal, stammt Siddhartha aus der nordindischen Shakya-Dynastie. »Shakyamuni«, »Weiser aus dem Geschlecht der Shakyas«, wird man ihn deshalb später auch nennen. Der sensible Siddhartha scheint wenig von der Lebenswirklichkeit der allgemeinen Bevölkerung gekannt zu haben. Jedenfalls soll er mit knapp 29 Jahren den Palast zum ersten Mal verlassen haben. Dabei ist er einem alten, einem kranken und einem toten Menschen begegnet, und ihm muss aufgegangen sein: Nichts im Leben ist stabil. Alles ist von anderem abhängig. Alles ist veränderlich und vergänglich. Alles letztendlich mit Leid verbunden, leidvoll.

Nach der Begegnung mit einem Bettelmönch verlässt Siddhartha Eltern, Frau und Kind, um als heimatloser Wanderasket einen Weg zu suchen, wie der Mensch Erlösung vom Leiden finden kann. Doch die zahlreichen gängigen Lehren und Lehrer seiner Zeit helfen nicht weiter. Siddhartha zieht sich mit fünf Gleichgesinnten in die Einsamkeit des indischen Dschungels zurück zu jahrelanger, am Ende fast tödlicher Askese – auch ohne Erfolg. Nach sechs Jahren soll er schließlich, wieder allein, im Städtchen Uruvela unter einem Baum meditierend zur entscheidenden Erkenntnis gelangt sein und die vollkommene Erleuchtung, das »Erwachen« (Sanskrit: *bodhi)* verwirklicht haben. »Buddha«, »der Erwachte« wird er deshalb fortan genannt, und Uruvela heißt seither »Bodhgaya«, »Ort des Erwachens«, der »Erleuchtung«.

Im Gazellenhain von Sarnath bei Varanasi trifft Buddha wieder auf seine früheren fünf Weggefährten und er erläutert ihnen jenen Weg, der ihn zur Erleuchtungserfahrung führte: die »Vier Edlen Wahrheiten« von den Ursachen des Leides und seiner Überwindung, fortan überliefert als »Predigt von Benares« [→ Buddhismus].

Damit setzt Buddha das »Rad der Lehre« in Bewegung. Die fünf Asketen nehmen seine Lehre an, und mit ihnen begründet Buddha die buddhistische Gemeinde, Sangha genannt. Für den Rest seines Lebens

zieht Buddha als Lehrer durch das Land, sammelt eine rasch wachsende Jüngerschar von Mönchen, Nonnen, aber auch Laien um sich und stirbt 80-jährig wohl um 480 v. Chr. im nordindischen Kushinagari – ganz profan an einer Lebensmittelvergiftung.

David

Was auch immer an David historisch ist oder idealisierende Überhöhung: Er war eine epochale Gestalt, die, als die Zeit dafür reif war, die Geschichte Israels paradigmatisch verändert hat. Er wird zur idealtypischen Hoffnungs- und Leitfigur, dessen Großreich noch heute für manche Zionisten eine politische Zielvorstellung ist.

In Betlehem geboren, eilt dem Hirtenjungen David früh ein legendärer Ruf voraus, der ihn an den Hof des Königs Saul gelangen lässt. Allerdings berichtet das Samuelbuch (1 Sam 16 ff.) darüber Widersprüchliches: Einmal heißt es, wegen Davids verzaubernden Harfenspiels, an anderer Stelle soll es jener legendäre Schleuderwurf gewesen sein, mit dem David den riesigen Philisterkrieger Goliat kurzerhand niedergestreckt haben soll, nachdem der den kleinen David verhöhnt hatte.

Vom Hof des zunehmend eifersüchtigen Königs muss David aber bald wieder fliehen. Er schlägt sich als marodierender Bandenchef durch, kämpft dann als Söldner für die feindlichen Philister und wird schließlich nach Sauls tragischem Selbstmord nach verlorener Schlacht in Hebron zum König von Juda gesalbt: im Jahr 1004 v. Chr., faktisch der Beginn der israelitischen Geschichtsschreibung.

David gelingt die Schaffung des ersten und einzigen israelitischen Großreiches mit gesicherten Grenzen und straffer militärischer wie religiöser Organisation. Jerusalem, auf dem Hügel Zion gelegen, wird Hauptstadt (»Davidstadt«) und Kultzentrum (»heilige« Stadt). Gott Jahwe wird Staatsgottheit, und seine »Lade«, Zeichen göttlicher Präsenz, wird in feierlicher Prozession im Stiftszelt dort installiert; erst unter Davids Nachfolger Salomo wird stattdessen ein Tempel erbaut.

Ob David wirklich ein so begnadeter Dichter und Sänger gewesen war und große Teile der Psalmen gedichtet hat, wissen wir nicht. Seine Regentschaft geht jedenfalls wenig glanzvoll zu Ende. Ehebruch, Blutschande, Intrigen, Staatsstreich ... schließlich stirbt David 965, vom zuvor eingesetzten Mitregenten Salomo faktisch entmachtet.

Schon bald aber wird Davids Herrschaft idealisiert und überhöht: Als endzeitlicher König, so heißt es in den Chronikbüchern, wird einst der Messias als »Sohn Davids« zurückkehren und eine immerwährende Herrschaft aufrichten. Deshalb die christliche Zuordnung Jesu zum »Stamme Davids«, und womöglich auch deshalb Jesu Geburtsort nachträglich verlegt von Nazaret in die Davidstadt Betlehem.

Im Judentum gilt David bis heute als Prototyp des guten Herrschers, als exemplarischer Beter und Büßer, als Gesetzestreuer und Gesetzeslehrer

 schlechthin und vor allem: als größter König und Symbolgestalt des Staates Israel. Der »Davidstern«, einst schützendes Symbol auf Davids Waffenschild, wird später Symbol nicht nur des Judentums, sondern auch für das moderne Israel.

Jesus

Jesus von Nazaret ist kein Mythos, seine Geschichte keine Wanderlegende. Sie lässt sich lozieren, datieren und spielt in Palästina, einer Randprovinz des damaligen römischen Reiches. Unter Kaiser Augustus geboren, hat Jesus unter dessen Nachfolger Tiberius öffentlich gewirkt und wurde schließlich unter dessen Prokurator Pontius Pilatus öffentlich hingerichtet.

Geboren wurde Jesus in der Davidstadt Betlehem, vielleicht aber auch in Nazaret, wo er aufgewachsen ist. Sollte er unter König Herodes zur Welt gekommen sein, dann spätestens im Jahr 4 vor unserer Zeit; die überlieferte »Schätzung des Quirinius«, war zwischen 6 und 7 und wurde wohl später zugedichtet. Sein öffentliches Auftreten beginnt zwischen 27 und 29 mit der Taufe durch Johannes. Er wirkt im Gebiet zwischen Kafarnaum am See Genesaret und Jerusalem, vielleicht nur wenige Monate, bestenfalls drei Jahre. Während dieser Zeit sammelt er einen Jüngerkreis (die »Zwölf«) um sich. Er stirbt wohl um das Jahr 30 im Alter von 34 Jahren.

Jesus war Jude, geprägt von der damals verbreiteten endzeitlichen Erwartung, dass Gott selber sehr bald auf den Plan treten und seinen Willen durchsetzen werde. Er verkündet das angebrochene »Reich Gottes« und zielt damit auf den Kern der gesellschaftlichen und religiösen Strukturen. Sein Ruf zur »Umkehr« stellt alles in Frage, was seinen Zeitgenossen gängig und heilig ist: Jesus fordert

Gewaltverzicht, Solidarität, Feindes- und Nächstenliebe, in der sich – gut jüdisch – die Liebe zu Gott zu bewähren habe. Zum Ärger der Frommen solidarisiert er sich mit Andersgläubigen, Gesetzesunkundigen, Ausgegrenzten, Frauen und Kindern. Er heilt Kranke, relativiert das jüdische Religionsgesetz und provoziert das religiöse und politische Establishment. Alles im Namen Gottes selber, den er vertraulich »Abba«, »Vater« nennt.

Doch am Ende scheint er zu scheitern. Von den jüdischen Obrigkeiten der Gotteslästerung angeklagt, verurteilen ihn die römischen Besatzer nach kurzem Prozess schließlich zum qualvollen Tod am Kreuz – so, wie sonst nur Schwerverbrecher sterben.

Aufgrund bestimmter geistiger Erfahrungen, »Erscheinungen« gelangen seine Anhänger aber zu der Überzeugung: Dieser Jesus ist nicht ins Nichts hinein gestorben, er ist nicht im Tod geblieben, sondern ist jetzt bei Gott selber: Er ist von Gott zum ewigen Leben erweckt, in Gottes Herrlichkeit aufgenommen worden. Sie sind überzeugt: Was schon in der Bibel angekündigt wurde, hat sich jetzt in Jesus erfüllt. Er ist Gottes »Sohn« [→ Trinität], der für unsere Sünden unschuldig und stellvertretend leidende Gottesknecht, der von Gott gesandte »Messias« (griechisch: *christos*, der »Gesalbte«). »Jesus ist der Christus« – das ist fortan die Mitte des christlichen Glaubens.

Konfuzius

Ab dem 8. Jahrhundert vor Christus geht das chinesische Altertum seinem Ende zu: Einfälle von Barbaren erschüttern das Reich, die Hauptstadt muss verlegt werden, der Kaiser wird entmachtet. Fürsten kämpfen um die Vorherrschaft, und Chinas Einheit bricht auseinander. In dieser Krisenzeit treten Weisheitslehrer auf – »hundert« Schulen soll es damals gegeben haben –, klagen an, suchen nach Orientierung und nach neuen geistigen Wegen. Es ist ein Paradigmenwechsel in der chinesischen Kultur: von der mythologisch geprägten Frühzeit zum philosophischen Humanismus.

Einer dieser Lehrer, wohl der berühmteste und erfolgreichste, ist Konfuzius, chinesisch K'ung-fu-tzu, geboren ca. 551 v. Chr. in der Stadt Tsou, begraben in Qufu, wo heute noch seine Nachfahren leben. Eigene Worte aus einer Feder besitzen wir nicht, wohl aber Aufzeichnungen von Sprüchen und Unterhaltungen, die seine Schülern als »Gespräche« überliefert haben.

Über sein Leben soll Konfuzius einmal gesagt haben: »Mit fünfzehn hatte ich mich zum Lernen entschlossen, mit dreißig stand ich fest, mit vierzig war ich frei von Zweifeln, mit fünfzig erkannte ich den Willen des Himmels, mit sechzig war ich immer noch lernbegierig, mit siebzig konnte ich den Wünschen meines Herzens folgen, ohne gegen das Rechte zu verstoßen.« (Gespräche 2,4)

Konfuzius war auf der Suche nach tragenden ethischen Prinzipien – nicht nur für sich selber, sondern für die gesamte Gesellschaft. Er war überzeugt: Wenn die Menschen harmonisch und moralisch leben, dann werden sich Gerechtigkeit und politischer Frieden quasi von selbst einstellen.

Gelebtes Ethos und Politik gehen für Konfuzius Hand in Hand. Leitfaden seiner Lehre ist jenes Prinzip der Gegenseitigkeit (chinesisch: *shu*), das als »Goldene Regel« Geschichte machen sollte: »Was Du selbst nicht wünschest, das tue auch nicht den anderen.« (15,24) Diese Regel sollte im Laufe der Jahrhunderte, auch auch in ihrer positiven Formulierung, in allen großen Religionen formuliert werden.

Im Zentrum seiner »humanistischen« Lehre steht die Menschlichkeit *(jen)*, welche die Menschen, in der Familie beginnend, ständig üben und einander entgegenbringen sollen: »Ein Mensch ohne Menschlichkeit, was hilft dem die Form? Ein Mensch ohne Menschlichkeit, was hilft dem die Musik?« (3,3) Fünf Grundbeziehungen sind deshalb seit Konfuzius für die Gesellschaft grundlegend und besonders zu pflegen: Vorgesetzter – Untergebener, Vater – Sohn, Ehemann – Ehefrau, älterer – jüngerer Bruder, Freund – Freund.

Doch über all dem steht auch für Konfuzius, ganz traditionell, der »Himmel« *(tian):* eine wirksame,

allem zugrunde liegende Ordnung und Macht, dessen Wille die Menschen, vor allem die Herrscher, zu erkennen und zu erfüllen haben: »Wer gegen den Himmel sündigt, hat niemand, zu dem er beten kann.« (Gespräche, 3,13).

Krishna

Vielleicht erinnern Sie sich noch an die 1970er- und 80er-Jahre: Kahlgeschorene Jünglinge mit kleinem Zopf am Hinterkopf, ausgestattet mit indischen Drehorgeln, Trommeln und Zimbeln, Blumengirlanden über den Schultern, tänzeln durch städtische Fußgängerzonen. Monoton singen sie »Hare Krishna, hare Rama« und verteilen Exemplare der hinduistischen Bhagavadgita [→ Hinduismus]. Es sind Anhänger Krishnas, einer Inkarnation des Hindugottes Vishnu, eine der wichtigsten Symbolfiguren des Hinduismus. Über die moderne Hare-Krishna-Bewegung wurde dieser Hindugott auch im Westen populär. Nach eher überschaubaren Missionserfolgen in der Hippie-Ära ist es um die Krishnabewegung im Westen allerdings wieder still geworden. Anders in Indien, wo der göttliche Krishna seit über 2000 Jahren höchste Verehrung genießt.

»Krishna« heißt der »Dunkelhäutige«. Seine Verehrung hat viele Wurzeln. Sie entstand in Indiens klassischer Zeit [→ Hinduismus], geht aber zurück auf einen alten populären, dunkelhäutigen Heroen nicht-arischen Ursprungs. Mit dessen Verehrung verband sich der Kult eines Gottes Vasudeva, ferner eine asketisch-brahmanische Vishnuverehrung und die von bestimmten vedischen Priesterschulen herkommende Tradition eines gleichnamigen sonnenäugigen Schöpfergottes. Hinzu kam, aus anderen Quellen, die Vorstellung, dass sich Gott selber in die Welt hinein »entfalte«, sich dort mehrmals inkarniere und in die Geschichte eingreife: zur Rettung des Dharma, der moralisch-sozialen Ordnung, als individuelle Kontroll- und Gewissensinstanz und zur frommen Verehrung. All diese Strömungen flossen schließlich im Vishnu-Krishna-Kult zusammen, der ab dem 12. Jahrhundert, vor allem in Nordindien, zur eigenständigen religiösen Bewegung wird.

Die Krishnaverehrer sind überzeugt, was denn auch in der von ihnen hoch verehrten Bhagavadgita [→ Heilige Schriften des Hinduismus] zum Ausdruck kommt: Der höchste Gott Vishnu offenbart sich im Menschen Krishna – Krishna ist kein anderer als Gott selbst. Alles, selbst die Götter, existiert nur durch ihn, ihm allein gebührt Verehrung und Hingabe. Er und nur er ist Ursprung, Orientierung und Ziel menschlicher Existenz. Krishna richtet den Dharma wieder auf, und die liebende Hingabe an ihn führt schließlich zur Erlösung.

Für viele Hindus verkörpert Krishna, wiewohl göttlich, das Ideal wahren Menschentums. Der Legende nach ist er im nordindischen Vrindaban unter Rinderhirten aufgewachsen, nur durch Vertauschung dem Kindermord des Königs Kamsa entgangen. Mit seiner Schönheit und seinem Flötenspiel betört der junge Hirte die Hirtenmädchen, besonders seine Geliebte Radha. Die innige Liebe beider gilt vielen Hindus als Symbol und Ideal für »bhakti«, die liebende Hingabe des Menschen an Gott.

Laozi

Er ist berühmt, doch wissen wir kaum etwas Verlässliches über ihn, womöglich hat er gar nicht gelebt: der legendäre chinesische Philosoph »Lao-tsu«, der »alte Meister«, zumeist als Lao-tse oder Laozi bekannt. Er gilt als Autor der wohl berühmtesten chinesischen Weisheitsschrift Daode-Jing und damit als Begründer des Daoismus.

Der Überlieferung nach war Laozi ein Zeitgenosse von Konfuzius, geboren im Dorf Hushien in der heutigen Provinz Honan. So jedenfalls berichtet es seine Biografie, Teil des berühmten chinesischen Geschichtswerks *Shih-chi* aus dem 1. Jahrhundert. Wann Laozi geboren wurde, wissen wir nicht. Es heißt, dass er während der Chou-Dynastie (ca. 1111–255 v. Chr.) an den kaiserlichen Hof berufen wurde und dort als Archivar tätig gewesen sein soll, unter anderem wohl zuständig auch für Astrologie und heilige Schriften. Allerdings ist sein Name in den minutiös geführten Beamtenlisten nicht erwähnt. Bei Hofe soll er auch Konfuzius begegnet sein, häufig wurde diese Begegnung beschrieben, doch scheint dies kaum historisch zu sein. Legendär ebenfalls Laozis Reise nach Westen, angeblich um die Barbaren zu bekehren, wohl aber wegen Schwierigkeiten bei Hofe. Auf dieser Reise soll er schließlich auf Bitten eines Grenzwächters am Hsien-ku-Pass das 5000 Zeichen umfassende Daode-Jing (auch: *Tao-te ching*) verfasst haben, den »Klassiker vom Weg *(dao)* und seiner Kraft *(de)*«, die Sammlung seiner Lehre [→ Chinesische Religion].

Heute wissen wir, dass das Daode-Jing kaum aus der Feder von Laozi stammen kann. Es ist wohl das Produkt mehrerer alter mündlicher Überlieferungen, von mehreren Autoren zusammengefasst und schließlich dem legendären Weisen Laozi zugeschrieben, vermutlich nicht vor dem vierten oder dritten vorchristlichen Jahrhundert entstanden, also rund 200 Jahre nach Laozi. Seinen heutigen Titel bekam es erst vom Han-Kaiser Jing (157–141 v. Chr.).

So wenig Verlässliches wir über Laozis Leben wissen, so wenig wissen wir über seinen Tod. Der Legende nach soll er 160 Jahre alt geworden sein, manche Quellen sprechen sogar von 200 Jahren.

Forciert durch den Einsiedler Zhang Daoling entstand im zweiten Jahrhundert, während der Han-Dynastie, eine religiöse Form des Daoismus [→ Chinesische Religion]. Mehr und mehr wird Laozi zur mythischen Figur und schließlich, nach der Vision des Einsiedlers, zum »Höchsten Herrn Lao«, zur Inkarnation des Dao: zum Hauptgott der daoistischen Göttertrias, der »Drei Reinen«.

Der daoistischen Heiligenverehrung ist wohl auch Laozis Geburtslegende geschuldet: Nicht neun Monate soll er im Mutterleib verbracht haben, sondern 72 Jahre, um schließlich, voll entwickelt, erst als grauhaariger weiser Greis geboren zu werden.

Mose

Mose ist die zentrale charismatische Symbolfigur des Volkes Israel. Nicht von ungefähr haben ihm Juden wie Christen die Autorschaft der → Tora, der »fünf Bücher Mose«, zugeschrieben, mit denen er einst seinem Volk die Heilsgeschichte Israels von der Erschaffung der Welt bis zum Einzug in das verheißene Land gelehrt haben soll. Heute sieht man die literarische Genese der Tora differenzierter, was an Mose Bedeutung aber nichts ändert.

Das Bild, das die biblischen Autoren von ihm zeichnen, ist vielschichtig. Bei allem Sagenhaften, was sich um seine Person rankt, scheint Mose jedenfalls eine historische Gestalt gewesen zu sein. Und mit ihm wird das Grunddatum israelitischer Geschichte und jüdischer Identität in Verbindung gebracht: die Befreiung der Jahwe-Schar aus ägyptischer Knechtschaft und die Besiegelung der Erwählung Israels durch Gottes Bund am Sinai. Bis heute wird am Pessach-Abend aus der Haggada, der »Erzählung vom Auszug«, gelesen und dessen gedacht.

Wer Mose wirklich war, wissen wir nicht. In Ägypten als Sohn einer Semitin geboren, kam der junge Mose wohl ins Land der Medianiter, wo er eine Priestertochter geheiratet hat. Mose war genau so wenig Volksgründer wie Vertreter eines bereits existierenden exklusiven Monotheismus – beides gilt als Rückprojektion späterer Zustände. In Median muss er aber jene Gotteserfahrung gemacht haben, die er als Berufung durch Gott, Jahwe, erlebte: Aus einem brennenden Dornbusch vernimmt er Jahwes Aufforderung, die Israeliten aus Ägypten zu führen, und auf die Frage, wer ihn berufe, erhält er die geheimnisvolle Antwort: »ehje ascher ehje«, »ich bin da, als der ich bin« (oder: »da sein werde«). Der Glaube an diesen immer präsenten Gott Jahwe bleibt konstante Grundlage des Volkes Israel.

Was sich in Ägypten zur Zeit Ramses II. wirklich abgespielt hat, wissen wir nicht. Auch lassen sich die darauffolgenden Ereignisse am Sinai weder lokalisieren noch historisch verifizieren. Entscheidend ist der religiöse Sinngehalt dieser Erzählungen: Israel versteht rückdeutend seine ganze wechselhafte Geschichte als Bundesgeschichte mit Gott. »Jahwe ist der Gott Israels und Israel sein Volk!« Und dieser Bundeszusage Gottes, verbunden mit der Person Mose, entspricht die Bundesverpflichtung Israels auf Gottes Gebote, wie sie schließlich im Dekalog, den »Zehn Worten« oder → »Zehn Geboten«, zusammengefasst sind.

In dieser heilsgeschichtlichen Tradition stehend, haben sich auch die Christen die Zehn Gebote zu eigen gemacht. Einige dieser Gebote finden sich fast wörtlich auch im Koran (Sure 17,22 – 38). Und die Muslime sind es auch, die bis heute unweit von Jerusalem am Übergang zur judäischen Wüste ein Mosesgrab verehren: Mose, für sie der erste Empfänger einer Buch-Offenbarung des einen Gottes.

Muhammad

Im Jahr 613 tritt im arabischen Mekka an der Weihrauchstraße ein gewisser Muhammad an die Öffentlichkeit. Er hat eine religiösen Botschaft. Er ist aber weder Mystiker, auch kein religiöser Eiferer, sondern ein erfolgreicher Geschäftsmann, Ehemann einer reichen Kaufmannswitwe. Über Jahre hinweg zog sich Muhammad immer öfter zu Gebet und Meditation in die Wüste zurück. Schließlich vertraut er sich seiner Frau Hadiga an: Durch einen Engel habe er von Gott Offenbarungen erhalten! Dramatische Erlebnisse muss Muhammad durchgemacht haben, wie seine Frau später zu berichten weiß, die ihn in seinen Grundfesten erschüttern.

Die Botschaften, die Muhammad hört, sind vielfältig. Sie handeln von Alltagsfragen, ethischen Problemen, theologischen Fragen, ökonomischen, sozialen und juristischen Themen. Hauptthema aber und Mittelpunkt der Offenbarungen ist einer: Gott, arabisch »Allah«, und die Erfüllung seines Willens. Erst im Familienkreis, dann unter Freunden, schließlich öffentlich verkündet Muhammad, was ihm Gott durch den Engel gebietet: »Islam«, gläubige »Hingabe« an ihn, den einen und einzigen Gott. Und diese Hingabe muss sich – ähnlich wie bei Jesus und den Propheten Israels – in konkretem Verhalten den Nächsten gegenüber zeigen, vor allem in Gerechtigkeit und sozialer Solidarität [→ Islam].

Diese Botschaft kommt in der geschäftigen Handelsstadt Mekka aber schlecht an. Muhammad wird als Warner und Mahner von vielen abgelehnt, lächerlich gemacht, viele empfinden seine Botschaft gar als Bedrohung. Warum? Er konfrontiert die Menschen mit dem kommenden Gericht Gottes, droht scharfe Strafen im Jenseits an und fordert Gerechtigkeit und soziale Solidarität. Er tritt ein für eine Unterwerfung unter den Einen und Einzigen Gott, den Gerechten und Barmherzigen. Er bekämpft den Vielgötterglauben und den Wallfahrtsbetrieb um Mekkas Heiligtum, die Kaaba; damit provoziert er die Händler und bedroht den religiösen Kommerz.

Mit dem eigenen Stamm, den Quraysch, gerät Muhammad zunehmend in Konflikt und muss schließlich 622 in das 300 Kilometer entfernte Medina auswandern: das Jahr 1 der islamischen Zeitrechnung. In Medina begründet er die erste muslimische Gemeinde (arabisch: *umma*). Nicht mehr die Stammesverwandtschaft zählt, sondern der gemeinsame Glaube.

Muhammad ist nicht nur ein Charismatiker, sonder auch ein kluger Stratege und Heerführer. Gegen seinen Heimatstamm führt er sechs Jahre Krieg, bekämpft auch die jüdischen Stämme, die zu Muhammads großer Enttäuschung seinen prophetischen Anspruch ablehnen, und zieht schließlich 630 wieder in Mekka ein. Die Kaaba reinigt er vom Götzenkult und macht sie zum Zentralheiligtum der Muslime. Nach Medina zurückgekehrt, stirbt Muhammad schließlich, 62-jährig, am 8. Juni 632 in den Armen seiner Frau.

HEILIGE SCHRIFTEN

Buddhistischer Kanon

Das Wort »Kanon« ist griechisch und heißt so viel wie »Maßstab« oder »Vorschrift«. In Theologie und Religionswissenschaften wird es als Begriff für eine verbindliche Sammlung heiliger Schriften verwendet, wie es sie auch im Buddhismus gibt.

Siddhartha Gautama, nach seinem spirituellen Schlüsselerlebnis → »Buddha«, der »Erwachte« genannt, hatte, wie auch manche andere Religionsstifter, selber kein Wort aufgeschrieben. Auch einen Nachfolger hat er nicht ernannt, da er glaubte, dass die Befolgung einer Lehre nicht auf einer menschlichen Autorität beruhen, sondern sich ausschließlich auf das persönliche Urteil des Einzelnen stützen soll.

Die Predigt von Benares ist der Beginn von Buddhas Lehrtätigkeit, die er bis zu seinem Tod rund 45 Jahre lang ausüben sollte. Er gründet einen Bettelorden von Mönchen und Nonnen sowie eine Gemeinschaft frommer Laien und hinterlässt seinen Anhängern nur seine mündlich verkündete Lehre, den *Dharma* [→ Buddhismus].

Bald nach Buddhas Tod wird unter der Leitung des ältesten lebenden Mönchs Mahakasyapa in

Rajagir das erste buddhistische »Konzil« abgehalten, genauer: die erste gemeinschaftliche Rezitation von Buddhas Lehre samt Kommentaren. Hier werden erstmals jene drei Textgruppen formuliert, die später als »drei Körbe« (Sanskrit: *tripitaka)* im Buddhismus Anerkennung als kanonische Textsammlung finden sollten: die Lehrreden des Buddha *(sutra)*, die Mönchsregeln *(vinaya)* und die philosophischen Texte *(abhidharma)* mit scholastischen Weiterentwicklungen der Lehre. Dieser Kanon beansprucht, Wort Buddhas zu sein, ist aber eine mündliche Überlieferung der Mönche.

Vor der Spaltung der Mönchsgemeinde in *Theravada* und *Mahayana* [→ Buddhismus] hat 110 Jahre nach Buddhas Tod in Vaisali ein zweites Konzil stattgefunden; kurz danach müssen die grundlegenden kanonischen Texte vorgelegen haben. Wie diese genau ausgesehen haben, wissen wir aber nicht. Denn die mündlich überlieferten Texte unterlagen je nach Dialekt und Übersetzung (Sanskrit, Pali, Chinesisch, Tibetisch) gewissen sprachlichen Veränderungen. Die älteste vollständige schriftliche Form des buddhistischen Kanons ist eine Pali-Version aus dem 1. Jahrhundert v. Chr. der Theravada-Buddhisten Ceylons. Diese Pali-Version wurde auf mehreren Konzilien (zuletzt 1954 – 56 in Rangun/Burma) revidiert, wobei nicht alle Konzilien von allen buddhistischen Schulen gleichermaßen anerkannt werden.

In den heute vorliegenden Sprachversionen des buddhistischen Kanons stimmen die Vinaya- und Sutra-Teile weitgehend überein, philosophische Abhidharma-Texte hat jede Schule für sich geschaffen.

Zudem entstanden je nach Schule Kommentare und pseudo-kanonische Texte, von denen viele, wie etwa das Prajnaparamita-Sutra der Mahayana-Buddhisten mit dem berühmten Diamant-, Herz- und Lotos-Sutra, große Bedeutung erlangten.

(Hebräische) Bibel

»Bibel« kommt vom griechischen *biblos*, Buch. Aber die Bibel ist nicht irgendein Buch, sondern sie ist für Juden wie Christen die Heilige Schrift, der Maßstab *(kanon)* ihres Glaubens. Juden wie Christen sind überzeugt, dass Gott durch die Verfasser der Bibel zu den Menschen gesprochen hat, dass die Bibel vom Geist Gottes inspiriert ist. Die Bibel ist aber weder ein Geschichtsbuch, auch wenn sie vor dem Horizont der Geschichte Israels entstanden ist, erst recht ist sie keine wissenschaftliche Abhandlung, die kosmologische, biologische oder archäologische Fakten diskutiert. Die Bibel ist ein Glaubenszeugnis. Ihre Autoren geben Zeugnis vom Heilswirken Gottes, und davon, wie der Mensch als von Gott Gerufener darauf reagiert.

Wie alle religiösen Schriften, so ist auch die Bibel in einem langen Prozess entstanden. Rund tausend Jahre hat er gedauert. Kern der Bibel – und auch ihr frühester Schriftkomplex – sind jene fünf Bücher *(Pentateuch)*, die später als → Tora bezeichnet werden. Ihre ältesten Schichten entstehen um 900, die jüngsten im Babylonischen Exil um 550 vor unserer Zeit [→ Judentum]. Rund 150 Jahre später kommen dann die Prophetenbücher hinzu, und erst um 100 nach Christus werden die Psalmen und die anderen erzählenden Schriften hinzugefügt. Von den Juden wird die Bibel auch TaNaKh (»Tenach«) genannt, gemäß den Anfangsbuchstaben jener drei Textgruppen, aus denen sie besteht: Tora (Gesetz,

Weisung), <u>N</u>ewiim (Propheten) und <u>K</u>etuwim (Schriftsteller).

Die ersten Christen waren praktizierende Juden und hatten die Hebräische Bibel als Heilige Schrift. Mit der Zeit erhielten aber auch die neu entstanden christlichen Schriften verbindlichen, kanonischen Charakter. Die nannte man jetzt → »Neues Testament«, da Gott in Christus einen neuen Bund gestiftet habe, der dort bezeugt sei. Am »Alten Testament« der Juden hielt man zwar auch weiterhin fest, doch galt vielen Christen das Judentum als Religion vor Christus schon bald als überholt und irrelevant. Denn manche machten die Juden allein verantwortlich für den Tod Jesu; man schimpfte sie »Gottesmörder« und das Judentum galt als blind, verstockt und von Gott verworfen.

Dass »Altes Testament« und Hebräische Bibel nicht exakt übereinstimmen, liegt übrigens an einer griechischen Bibelübersetzung von angeblich 70 Gelehrten *(Septuaginta)*, die zusätzliche, neue Schriften enthielt. Griechische Juden aus Ägypten verwendeten diese Übersetzung, und die jungen Christen übernahmen dann sieben dieser neuen Bücher, die man auch »deutero-kanonisch« nannte: zum »zweiten Kanon« gehörig. Jahrhunderte später wurden sie von Martin Luther und den reformatorischen Kirchen als »Apokryphe« wieder aus dem Kanon ausgeschieden, weswegen sich katholische und protestantische Bibelausgaben ebenfalls unterscheiden.

Heilige Schriften des Hinduismus

Die religiösen Wurzeln des → Hinduismus gehen wesentlich auf jene halbnomadischen Völker zurück, die ab 2000 v. Chr. aus dem Kaukasus über den Himalaja schubweise nach Indien eingewandert sind. Sie nennen sich *Arya*, die »Edlen«, und verehren viele Götter, die sie in kunstvollen Hymnen preisen und zum stärkenden Opfer einladen. Die Götterhymnen und Ritualtexte werden gesammelt, von den Priestern sorgsam gehütet und mündlich tradiert als *Veda*, heiliges »Wissen«.

Grundlage der vedischen Religion stellen vier Textsammlungen dar, über Jahrhunderte kompiliert: die 1028 Hymnen des *Rigveda* zur Anrufung und Verehrung der Götter, der *Samaveda* (Melodien zur Vertonung), der *Yajurveda* (Gebete und Formeln der Priester), der *Atharvaveda* (esoterische und magische Texte). Mit der Zeit kommen interpretierende und zusehends spekulative Texte hinzu: die *Brahmanas* (Handbücher zur priesterlichen Ausbildung, Erklärung und Anleitung der Opferhandlungen), die mystischen *Aranyakas* (Texte »des Waldes«, nur für eingeweihte Einsiedler gedacht), und die berühmten philosophischen *Upanishads*, ursprünglich Bestandteile der *Brahmanas* und *Aranyakas*, dann aber herausgelöst, erweitert und zu selbstständigen Schriften kompiliert und bis ins Mittelalter ergänzt. Für gläubige Hindus sind all diese »vedischen« Schriften göttliche Offenbarung (Sanskrit: *shruti*).

Am Ende der vedischen Periode entstehen mit den *Sutras* (wörtlich: »Lehrfaden«, »Leitsatz«) knappe thesenhafte Texte mit Anleitungen zur sachgemäßen Durchführung und Deutung der vedischen Opfer, mit Anweisungen für die häuslichen Rituale und mit ethischen und juristischen Regelwerken. Die *Shastras* bieten umfassende systematische Abhandlungen zu unterschiedlichen Themen.

Zwischen 300 vor und 300 nach Christus beginnt Indiens klassische Zeit. Die Verehrung neuer Götter – etwa Vishnu, Shiva, Brahma – bahnt sich ihren Weg und findet ihren Niederschlag in den *Puranas*, den Religionsbüchern der neu aufkommenden religiösen Gruppen. Von großem theologischen und philosophischen Reichtum sind jene berühmten Zeugnisse des Vishnuglaubens, die großen Epen *Mahabharata* und *Ramayana*, wohl zwischen 400 vor und 400 nach Christus entstanden. Wegen seiner zentralen theologischen Aussagen wurde Buch 6 des *Mahabharata* später als *Bhagavadgita* (»Gesang des Erhabenen«; gemeint ist → Krishna, eine Inkarnation Vishnus) eigenständig überliefert.

Neben den vedischen und den klassischen Schriften sind besonders die Werke der großen mittelalterlichen philosophischen Systeme (vor allem *Samkhya*, *Yoga* und *Vedanta*) von großer Bedeutung. Daneben gibt es ungezählte Traditionen, die auf einzelne Lehrer oder die Verehrung lokaler Göttinnen und Götter zurückgehen, jeweils mit eigenen religiösen Schriften.

Koran und Hadithe

Die Mitte des → Islam ist nicht der Prophet → Muhammad, sondern Gott und dessen Wort, niedergelegt im Koran. Dieser enthält die an den Propheten ergangenen göttlichen Offenbarungen. Schon zu Lebzeiten Muhammads wurden sie teilweise oder ganz aufgeschrieben, aber zunächst nur als einzelne Abschnitte (Suren) rezitiert. Nach Muhammads Tod werden die 114 Suren gesammelt und unter seinen Nachfolgern Abu Bakr, Umar und Uthman innerhalb von vierundzwanzig Jahren zum Koran zusammengefasst. Die heute verbindliche Ausgabe, eine Überarbeitung der Erstausgabe, ist 1923 in Ägypten entstanden. Eine eindeutige chronologische Ordnung der Suren gibt es nicht, nur eine ungefähre: Die vorderen, eher längeren Suren stammen zumeist aus einer späten Periode in Medina, und weiter hinten werden die Suren kürzer und sind tendenziell älter.

»Koran« kommt vom Arabischen *quara'a* (lesen, vorlesen), denn der Koran ist jenes arabische Buch, in dem gläubige Muslime regelmäßig lesen sollen und aus dem in der Moschee feierlich rezitiert wird. Analog zum johanneischen Wort über Christus könnte man über den Koran sagen: Der Koran ist für Muslime Weg, Wahrheit und Leben: Er ist Heilsweg und Richtschnur des richtigen Handelns, er ist die ursprüngliche Quelle der Gotteserfahrung und Maßstab für den Glauben, und er ist die Grundlage von islamischem Recht, Glaubensleben und Kultur.

Inhaltlich bietet der Koran ein breites Spektrum von Themen: Alltagsfragen, theologische, ethische und soziale Themen, Fragen der Frömmigkeit und des Rechts, Auseinandersetzungen mit den Ungläubigen und den »Schriftbesitzern«, Juden und Christen. Im Mittelpunkt freilich steht Gott, »Allah«, und die Erfüllung seines Willens, der dem Propheten offenbart wurde. Für Muslime enthält der Koran das endgültige Wort Gottes, doch haben auch muslimische Theologen die Frage diskutiert, ob der Koran nicht auch Wort des Menschen Muhammad sei.

Über das Leben, die Einstellung und das Verhalten des Propheten selber erfährt man im Koran kaum etwas. Dies alles ist in der »Sunna« (wörtlich: »Brauch«, »Norm«) überliefert, der zweiten schriftlichen Quelle der islamischen Glaubens-, Sitten- und Rechtsordnung. Festgehalten ist die Sunna in den »Hadithen«, den »Erzählungen« vom Leben des Propheten. Schon im 7. Jahrhundert muss es eine Reihe von Gewährsleuten gegeben haben – seine Frauen, Schüler und andere Anhänger des Propheten –, die solche Überlieferungen bewahrt, mündlich tradiert und zu ersten Sammlungen zusammengefügt haben. Ab dem 9. Jahrhundert entsteht dann eine Fülle von Hadith-Sammlungen, von denen sechs quasi-kanonischen Status haben. Zum »Beweis« seiner Authentizität ist jedem Hadith die möglichst lückenlose Kette all seiner Überlieferer bis zum jeweiligen Prophetengefährten vorangestellt. Hadithe, die auf Gewährsleute außerhalb der Prophetenfamilie zurückgehen, besonders auf Frauen, werden von den strengen Schiiten abgelehnt [→ Islam].

Neues Testament

Jesus selber hatte kein einziges schriftliches Wort hinterlassen und auch nichts für die Weitergabe seiner Worte getan. Er, sein Jüngerkreis und die ersten Christen lebten ja in der Erwartung, dass die Herrschaft Gottes bald anbrechen werde. Worte von und über Jesus wurden zunächst mündlich überliefert, zur Glaubensunterweisung und zur Verkündigung, mit je unterschiedlicher Interpretation und Akzentuierung. Erst mit der Zeit wurden die Texte gesammelt, aufgeschrieben und schließlich im zweiten Jahrhundert zum »Neuen Testament«, dem Zeugnis vom »neuen« Bund Gottes, zusammengefasst.

Seinen Kern bilden die vier »Evangelien«, die »frohe Botschaft« vom Leben und Wirken Jesu Christi. Ihre Autoren sammelten schriftliche und mündliche Überlieferungen, ordneten sie, erweiterten sie und passten sie einander an. Die Evangelien von Markus, Mattäus und Lukas stimmen in Aufbau, Auswahl des Stoffes, oft auch im Wortlaut überein und bilden so eine »Zusammenschau« (Synopse) über Jesu Botschaft und Geschick. Wer ihre Autoren wirklich waren, wissen wir nicht.

Das Markusevangelium ist um 70 entstanden. Lukas (ca. 70–90) und Mattäus (ca. 80–100) benutzten das Markusevangelium sowie eigenes Material und vor allem eine oder mehrere Sammlungen von Jesusworten unbekannten Ursprungs – auch »Logienquelle« genannt, von griechisch *logion*, »Ausspruch, Wort«.

Das Johannesevangelium (ca. 100), dem Zebedäussohn Johannes zugeschrieben, stammt aus dem Umfeld einer Gemeinde, die bereits eine hohe, von griechischer Philosophie geprägte Theologie besaß. Es bietet eine um historische Details unbekümmerte, ganz eigene Geschichte des Mensch gewordenen »Gottessohnes« als dramatischen Prozess zwischen Gott und Welt.

Apostelgeschichte, Paulusbriefe und die anderen Schriften berichten weniger über Jesu Leben, sondern nehmen zu aktuellen pastoralen und theologischen Fragen Stellung. Die Apostelgeschichte (ca. 80–100) ist die »Fortsetzung« des Lukasevangeliums und bildet mit ihm ein geschichtliches Gesamtwerk, dessen Verfasser auch auf Berichte des Paulus zurückgreift.

Die dreizehn Paulusbriefe sind die ältesten neutestamentlichen Schriften, geschrieben zwischen 34 und 56 während seiner Missionsreisen an Gemeinden, Mitchristen und Mitarbeiter. Der Hebräerbrief (ca. 80–90) stammt von einem unbekannten Verfasser; die sieben »katholischen« Briefe (ca. 90–110) stammen von unterschiedlichen Autoren und richten sich an einen allgemeinen (griech. *katholos)* Leserkreis.

Den Abschluss des Neuen Testaments bildet die Offenbarung des Johannes (90–95), aus der Feder eines unbekannten Propheten. Sie bietet eine visionäre Schau der Geschichte, den endzeitlichen Entscheidungskampf zwischen christlicher Gemeinde und heidnischem Staat, mit Christus als Sieger und Zielpunkt der Heilsgeschichte.

Tora

Tora ist hebräisch und heißt »Lehre«, »Unterweisung«. Oft wird damit auch das jüdische Religionsgesetz bezeichnet, doch eigentlich sind es die ersten fünf Bücher der Hebräischen → Bibel, auch »Pentateuch«, »fünf Gefäße« genannt. Für Juden hat diese Unterteilung nur technische Gründe, theologisch wird die Tora als Einheit betrachtet. Traditionell hat man ihre Entstehung → Mose zugeschrieben – deswegen auch die populäre Bezeichnung »Fünf Bücher Mose« –, der damit den Israeliten ihre Heilsgeschichte von der Erschaffung der Welt bis zum Einzug in das verheißene Land gelehrt haben soll.

Historisch gesehen, ist die Tora in einem komplizierten literarischen Prozess entstanden, wohl zwischen 900 und 550 vor Christus. Sie stammt aus der Feder mehrerer Autoren, Schulen und Redaktoren. Die Autoren der ältesten Schicht, um 900 entstanden, werden »Jahwisten« genannt, wegen ihrer Vorliebe für den Gottesnamen »Jahwe«. Gut 200 Jahre jünger sind die Texte der »Elohisten«, benannt nach ihrem Gottesnamen »El«, und wieder rund 200 Jahre jünger ist die »Priesterschrift«, die im Babylonischen Exil um 550 v. Chr. von Priestern verfasst wurde. Hinzu kommt noch ein eigener Überlieferungskomplex, das »Deuteronomium«, der fünfte Teil der Tora, und eine Reihe teils mündlicher, teils schriftlicher Traditionen. Dies alles wurde schließlich im 5./4. Jahrhundert von einem Redaktor überarbeitet und in die heutige Form gebracht.

Im Judentum werden die fünf Bücher der Tora nach ihren jeweiligen ersten hebräischen Worten bezeichnet: 1. Bereschit (»Im Anfang«; Genesis), 2. Schemot (»... die Namen«; Exodus), 3. Waijkra (»Und es rief«; Levitikus), 4. Bemidbar (»... in der Wüste«; Numeri), 5. Dewarim (»... die Worte«; Deuteronomium). Sie gelten als geoffenbartes Zeugnis von Gottes Heilswirken an Israel und sind das Zentrum des religiösen Lebens des Judentums. Nach rabbinischer Tradition gibt es eine bei Gott präexistente himmlische Tora, die einst allen Völkern angeboten, aber nur von Israel am Sinai angenommen worden sei. Die Tora ist Zeichen der Erwählung, aber auch der Verpflichtung Israels auf Gott und seine Gebote. Nach jüdischem Verständnis enthält sie alles, was der Gläubige wissen muss – dafür muss sie allerdings ständig neu ausgelegt, auf die Lebensumstände übertragen werden.

Diese zentrale Bedeutung der Tora für das Judentum zeigt sich auch in der Sorgfalt ihrer Behandlung. Traditionell kunstvoll von Hand auf eine Pergamentrolle geschrieben, werden die geschmückten Torrollen in einem Schrein aufbewahrt. Beim Synagogengottesdienst am Sabbat, montags und donnerstags wird in einem einjährigen Zyklus (54 Wochen) fortlaufend aus der Tora gelesen; an Feiertagen gibt es zusätzliche Lesungen. Dabei wird die Tora nicht mit den Händen, sondern nur mit einem Torazeiger (*Jad*) berührt. Alte oder defekte Torarollen, für den rituellen Gebrauch untauglich, werden auf dem Friedhof beerdigt.

Zehn Gebote

Nach dem Zeugnis der Bibel sind die »Zehn Gebote« – auch »Dekalog«, »Zehn Worte« genannt – eng mit der Geschichte Israels und der Person → Mose verknüpft. Von Gott berufen, so das Buch Exodus, soll Mose einst die Israeliten aus ägyptischer Knechtschaft befreit und ins verheißene Land geführt haben. Als Zeichen seines Bundes mit Israel habe Gott Mose dann am Sinai die »Zehn Gebote« auf zwei Tafeln übergeben, die fortan als Zentrum und Inbegriff des richtigen Verhaltens Gott und den Menschen gegenüber galten.

Historisch hat sich der Text, wie wir ihn heute kennen – es gibt ihn der Bibel in zwei Varianten: in Exodus 20 und Deuteronomium 5 –, erst allmählich entwickelt und wurde wohl erst in nachchristlicher Zeit zu seiner Endfassung kompiliert [→ Bibel, Tora]. Die Zählung der Gebote ist bei Juden und in den christlichen Konfessionen unterschiedlich.

Die Zehn Gebote sind auch für Christen normativ und finden sich teilweise wörtlich auch im → Koran der Muslime (Sure 17,22 – 39), wo der jüdische Dekalog als bekannt vorausgesetzt wird. Sie bilden die Basis für ein gemeinsames Grundethos der drei prophetischen Religionen. Die Gebote fünf bis zehn decken sich von der Sache her mit jenen allgemeinen ethischen Grundgeboten, die sich in allen großen religiösen Traditionen finden und den Kern eines allgemeinen Menschheitsethos, eines → Weltethos bilden.

Im Folgenden die Zehn Gebote in einer Zusammenfassung von Exodus 20 nach der Einheitsübersetzung; die römischen Ziffern in Klammern bezeichnen die gängige katholische und lutherische Nummerierung:

2 (I.) Ich bin Jahwe, dein Gott, der dich aus Ägypten geführt hat ...

3 Du sollst neben mir keine anderen Götter haben.

4 (II.) Du sollst dir kein Gottesbild machen ...

8 (III.) Gedenke des Sabbats: Halte ihn heilig! ...

12 (IV.) Ehre deinen Vater und deine Mutter ...

13 (V.) Du sollst nicht morden.

14 (VI.) Du sollst nicht die Ehe brechen.

15 (VII.) Du sollst nicht stehlen.

16 (VIII.) Du sollst nicht falsch gegen deinen Nächsten aussagen.

17 (IX.) Du sollst nicht nach dem Haus deines Nächsten verlangen. (X.) Du sollst nicht nach der Frau deines Nächsten verlangen ... oder nach irgendetwas, das deinem Nächsten gehört.

ZENTRALE THEMEN

Besitz und Wohlstand

Die Haltung zu Besitz und Wohlstand wird in allen Religionen diskutiert. Denn sie ist – wie die Frage der Gewalt, Wahrhaftigkeit und des Verhältnisses der Geschlechter – eine auf seine Weise existenzielle, zentrale ethische Frage.

Nach dem Selbstverständnis der drei prophetischen Religionen lebt der Mensch in Verantwortung vor Gott. Besonders die Frage der sozialen Verantwortung ist in diesen Religionen zentral, begründet als Gebot, Wille Gottes. In keiner dieser Religionen werden Besitz und Reichtum prinzipiell abgelehnt, es sei denn von einzelnen rigoristischen Gruppen. Doch sowohl die Propheten Israels [→ Judentum] wie → Jesus und → Muhammad warnen nachdrücklich vor verantwortungslosem Umgang mit Besitz und fordern Solidarität und Gerechtigkeit. Im Islam ist dieses Thema geradezu Programm, und Jesu Satz »Es ist leichter, dass ein Kamel durch ein Nadelöhr geht, als dass ein Reicher in das Reich Gottes kommt« (Mattäus 19,24) ist auch jenen bekannt, die sonst wenig von der Bibel kennen. Interessanterweise waren auch in allen drei Religionen Zinsen, also die Bereicherung an den Schulden von Glaubensgenossen, tabu; nur im Christentum wurde das Zinsverbot im

Mittelalter aufgehoben, im Judentum wurde es gelockert.

In den Religionen Indiens steht die Selbstvervollkommnung des Menschen im Mittelpunkt. Irdisches wird als vergänglich und vorläufig betrachtet, die Bindung daran ist fatal, da sie den Menschen in karmische Bindungen verstrickt [→ Reinkarnation]. Entsprechend zielt die buddhistische Praxis, ganz radikal, auf *nirvana*, die gänzliche Überwindung des Lebensdurstes, der Gier [→ Buddhismus]. Zu allen Zeiten schärft die indische Tradition den Menschen elementare ethische Standards ein, auch für den distanziert-maßvollen Umgang mit Besitz, die für ein wahrhaft menschliches Leben notwendig sind: Für Patanjali etwa, dem Begründer des klassischen Yoga, gehören »Nicht-Stehlen« und »Begierdelosigkeit« zu den grundlegenden Tugenden des Yogaweges, und für Mahatma Gandhi war »Reichtum ohne Arbeit« eine der sieben modernen sozialen Sünden der Menschheit.

Chinas Weiser → Konfuzius sah die Dinge eher pragmatisch. Ihm ging es nicht um Gottes Wille oder um Erlösung, sondern um eine menschliche Gestaltung des Zusammenlebens. Konfuzius bejaht Besitz, mahnt aber auch zu einem vernünftigen, verantwortungsvollen und gerechten Gebrauch irdischer Güter; dabei sollten die Regierenden dem Volk Vorbild sein.

Einen Konsens der Religionen heute zu dieser Frage hat 1993 das Parlament der Weltreligionen seiner »Erklärung zum → Weltethos« formuliert: »Aus den großen alten religiösen und ethischen

Traditionen der Menschheit aber vernehmen wir die Weisung: Du sollst nicht stehlen! Oder positiv: Handle gerecht und fair! Kein Mensch hat das Recht, einen anderen Menschen – in welcher Form auch immer – zu bestehlen oder sich an dessen Eigentum oder am Gemeinschaftseigentum zu vergreifen. Umgekehrt hat auch kein Mensch das Recht, sein Eigentum ohne Rücksicht auf die Bedürfnisse der Gesellschaft und der Erde zu gebrauchen. ... Deshalb sollten schon junge Menschen in Familie und Schule lernen, dass Eigentum, es sei noch so wenig, verpflichtet. Sein Gebrauch soll zugleich dem Wohl der Allgemeinheit dienen. Nur so kann eine gerechte Wirtschaftsordnung aufgebaut werden. ... Denn der Mensch der Gier verliert seine ›Seele‹, seine Freiheit, seine Gelassenheit, seinen inneren Frieden und somit das, was ihm zum Menschen macht.«

Gott

Gibt es ihn? Gibt es ihn nicht? Was oder wie ist Gott? Solche und ähnliche Fragen beschäftigen seit Jahrtausenden die Menschheit. Die einen haben darauf sehr entschiedene, fast gewisse Antworten, andere sind unentschieden, und wieder andere fragen sich achselzuckend, ob sie dazu überhaupt etwas sagen können. Die Weltreligionen jedenfalls haben dazu etwas zu sagen, aus ganz unterschiedlichen Perspektiven.

Für die drei prophetischen Religionen – für Juden, Christen, Muslime – steht fest: Gott offenbart sich dem Menschen, »spricht« mit ihm, macht sich ihm bemerkbar, lässt ihn seine Wirklichkeit erfahren. Im Judentum macht → Mose vor dem Dornbusch eine solche Erfahrung der Nähe Gottes, auch → Abraham, die Propheten und andere spirituelle Männer und Frauen. Und → Jesus von Nazaret lebte aus einer so unmittelbaren Gottesbeziehung heraus, dass man ihn von Gott bevollmächtigt, Gottes »Sohn« genannt hat. Auch → Muhammad muss in der Begegnung mit dem Engel so tiefgreifende, von Gottes Nähe erfüllte Erfahrungen gemacht haben, dass die Botschaften, die er vernahm, für ihn unzweideutig Gottes Wort gewesen sind.

Doch für alle drei Religionen ist auch klar: Bei aller Erfahrung der Nähe Gottes ist Gott doch zugleich der ganz Andere, Unaussprechliche, vom Menschen letztlich nicht Begreifbare. Denn als der alles Umgreifende, Durchwaltende, Tragende übersteigt er schlicht das begrenzte menschliche Vorstellungsvermögen. Und so sehr auch Religionsgelehrte, Denkerinnen und Denker die Wirklichkeit Gottes in immer neue Bilder, Namen und Formeln gebracht haben, so wussten sie doch zu allen Zeiten, dass keines davon letztlich Gottes alles übersteigende, »trans-zendente« Wirklichkeit erschöpfend beschreibt. Der Mensch kann sich nur vertrauend darauf einlassen.

Auch der → Hinduismus hat sich über Jahrhunderte an die Frage nach Gott herangetastet. Schon früh fragte man sich: Steht nicht hinter jenen vielen Göttern und Himmelswesen, oft personifizierte Naturgewalten, denen man im alten Indien opferte und zu denen man betete, eine einzige Wirklichkeit, aus der das Universum, auch die Götter, einst hervorgegangen sind? Viele Antworten wurden darauf gegeben. Schließlich ist vom Weltengrund »Brahman« die Rede, den der Mensch in der tiefsten Tiefe seines Selbst erfahren kann und in den er einst, am Ende aller → Reinkarnationen, eingehen wird. Die Götter kamen später wieder, freilich in neuem Gewand: als Wirkmächte, Mittler, dem Menschen zugewandte Aspekte jenes allumfassenden, unaussprechlichen göttlichen Absoluten.

Anders → Buddha: Er hat es abgelehnt, über Gott und Götter zu spekulieren. Ihm ging es um den Menschen und seine leidvolle Verstrickung ins Dasein, dessen Beständigkeit als große Illusion zu entlarven sei. Ziel buddhistischer Praxis ist *nirvana*, das »Erlöschen«, die Überwindung von Gier, Hass und Wahn, das Einssein mit dem Absoluten, Transzendenten,

Eigentlichen – reines Glück. So könnten freilich auch christliche Mystiker die Erfahrung Gottes beschreiben.

Aber gibt es das alles wirklich? Gibt es Gott? Die neuzeitliche Religionskritik kennt viele Gründe, daran zu zweifeln: Gott nur eine Illusion, ein Produkt unserer Sehnsüchte (Sigmund Freud); Gott nur eine Projektion des Menschen, ein Spiegel des eigenen Bewusstseins (Ludwig Feuerbach); Gott nur eine interessenbedingte Vertröstung und Religion ein Phantasieprodukt des Menschen (Karl Marx); Gott ist tot (Friedrich Nietzsche) … Sie alle haben irgendwo recht, denn sie alle thematisieren auf ihre Weise Möglichkeiten des Missbrauchs, der mit Religion im Allgemeinen und Gott im Speziellen getrieben wurde und wird.

Aber das beantwortet unsere Frage nicht. Vielleicht kann man sie gar nicht vernünftig beantworten. Jedenfalls hat der Philosoph Immanuel Kant schon im 18. Jahrhundert aufgezeigt, dass wissenschaftliche Beweise weder für noch gegen die Existenz Gottes möglich sind. Die theoretische Vernunft kann nur Dinge erfassen, die unserer Anschauung und Erfahrung zugänglich sind. Da Gott aber transzendent ist, Raum und Zeit übersteigt, kann er nicht vernünftig erfasst – freilich auch nicht widerlegt – werden. Allerdings kann die praktische Vernunft gute Gründe haben, eine Existenz Gottes anzunehmen, da Gott für Kant die Voraussetzung, die Bedingung der Möglichkeit von Sittlichkeit und Moral ist.

Also dann doch ein Unentschieden, jedenfalls keine Gewissheit in der Gottesfrage? Nicht ganz.

Kant hat recht, dass die Frage nach Gott keine theoretische, sondern eine ganz und gar lebenspraktische Frage ist. An Gott glauben heißt anzunehmen, dass der Mensch und alles, was existiert, nicht aus dem Nichts kommt und sich mit dem Tod auch nicht im Nichts verliert: Gott als Anfang und Ende allen Seins. Und weil hinter dem Seienden nicht nur Nichts ist, sondern ein tragender, alles umfassender Grund, den wir Gott nennen, bedeutet Gottvertrauen auch ein Grundvertrauen in die Wirklichkeit: ein Vertrauen in die Sinnhaftigkeit und das Aufgehobensein unserer Existenz, auch über den Tod hinaus. Dieses Grundvertrauen gibt Gelassenheit, befreit zu unbedingtem Vertrauen und Engagement über alles menschliche Kalkül hinaus, und gibt Hoffnung auch dort, wo nach rein innerweltlichen Maßstäben die Dinge hoffnungslos sind.

Gibt es also Gott? Man muss es ausprobieren, sich darauf einlassen und hoffen, dass dieser Glaube trägt. Zu beweisen gibt es da jedenfalls nichts, zu widerlegen allerdings auch nicht.

Und was oder wie ist Gott? Jedenfalls anders, als wir ihn uns vorstellen. Ganz anders: jenseits von Raum und Zeit, jenseits unserer Bilder und Vorstellungen, auch jenseits alles menschenähnlich Personalen, auch jenseits von Mann und Frau.

»Ich bin, der ich bin«, soll Gott damals zu Mose gesagt haben.

Mystik

Wenn jemand heute von einer »mystischen« Erfahrung spricht, dann meint er oder sie damit etwas Geheimnisvolles, Rätselhaftes, vielleicht auch eine religiöse, womöglich tiefe spirituelle Erfahrung. In der Tat geht es in der Mystik – vom Griechischen »myein«, »den Mund verschließen« – um »Geheimnisse«, über die man vor Nichteingeweihten besser schweigt.

Mystiker kehren sich von der Welt ab, um in der tiefsten Tiefe ihrer Selbst Gott zu suchen. Mystikern in Ost und West geht es um die beglückende Erfahrung der allumfassenden Wirklichkeit Gottes, des Absoluten, um die tiefe Gemeinschaft und spirituelle Einheit mit Gott, seiner Gnade und Liebe. Neben Konzentration und Kontemplation verfallen Mystiker deshalb nicht selten auch in Verzückung und Ekstase.

Die indischen Religionen → Hinduismus und → Buddhismus gelten auf ihre je verschiedene Weise als mystische Religionen par excellence. Hier geht es nicht um die Auseinandersetzung des Menschen mit Gott und die mahnende Botschaft seiner Propheten. Nein, hier geht es um die verwandelnde spirituelle Erfahrung des Absoluten in der Tiefe des eigenen Selbst, um *moksha* oder *nirvana*, um die große Befreiung.

Auch die prophetischen Religionen – Judentum, Christen und Islam – haben mystische Traditionen und kennen die mystische Begegnung mit Gott. Doch gehört hier die Mystik nicht zum Hauptstrom der religiösen Tradition, sondern ist ein eher spezielles, oft mit Argwohn betrachtetes Phänomen bestimmter Personen und Gruppen, zu bestimmten Zeiten.

Jüdische Mystik ist verbunden mit dem Wort »Kabbala«, was nichts anderes heißt als »Überlieferung«. Gemeint ist eine spezielle Geheimlehre mit langer Vorgeschichte; sie hatte ihre große Zeit im 14.–17. Jahrhundert und brachte eine Fülle von Lehren, Schriften und Praktiken hervor, mit denen sie die Geheimnisse Gottes zu ergründen und erfahren suchte. Legendär der Kabbalist Isaak Luria, umstritten hingegen Sabbataj Zwi und Jakob Frank: Zum Messias ausgerufen scheiterten beide und konvertierten schließlich zu Islam und Christentum.

Die Reihe großer christlicher Mystiker und Mystikerinnen ist lang. Berühmt sind Franz und Clara von Assisi, Meister Eckehard, Johann Tauler, Heinrich Seuse, Hildegard von Bingen, Ignatius von Loyola, Teresa von Avila – eine Bewegung in ganz Mitteleuropa zwischen dem 13. und 17. Jahrhundert, in Reaktion auf eine zunehmend verweltlichte Kirche, verwissenschaftlichte Theologie und veräußerlichte Frömmigkeit.

Auch die islamischen Bruderschaften der Sufis aus dem 10.–14. Jahrhundert sind eine Reaktion auf einen zunehmend vergesetzlichte Religion und wurden sogar zur populären Massenbewegung. Nicht durch rationale Gesetzesbeobachtung, sondern mit Musik, ritualisiertem Tanz und tranceartigem Gebet suchen diese Asketen die Erfahrung der Nähe und Liebe Gottes, den mystischen Pfad zu Gott.

Reinkarnation

Die Vorstellung von der Wiederverkörperung (»Reinkarnation«) der Seele eines Verstorbenen ist eine sehr alte Vorstellung. Es gibt sie in unterschiedlichen Spielarten in der europäischen Antike wie in Stammestraditionen weltweit, selbst bei den christlichen Katharern/Albigensern. Sie wird aber vor allem mit indischen Religionen in Verbindung gebracht, weil sie dort bis heute von zentraler Bedeutung ist.

Dichter und Denker der deutschen Klassik und Romantik – Kant, Lessing, Lavater, Herder, Goethe und besonders der indienbegeisterte Schopenhauer – waren der Reinkarnationslehre zugetan, und für die Anthroposophie Rudolf Steiners ist sie, von der Theosophie herkommend, seit jeher zentral. Mitte der 1960er Jahre glaubten Vertreter des aufkommenden »neuen« spirituellen Zeitalters (»New Age«) mit geistigen Reisen in die Welt des Unbewussten, sogenannten »Rebirthing«-Techniken, zu früheren Inkarnationen vorstoßen zu können. Bewiesen werden konnten sie bis heute freilich nicht: Die Reinkarnationslehre ist und bleibt eine Glaubensüberzeugung.

Wie kam es zu einer solchen Vorstellung? Schauen wir nach Indien, ins zweite Jahrtausend vor Christus: Zunächst glaubte man dort – ähnlich wie Juden, Christen und Muslime – an eine Existenz des Verstorbenen, je nach den von ihm vollbrachten Taten, im paradiesischen Himmel oder in der Hölle. Mit »Taten« (Sanskrit: *karma*) meinte man zunächst die zu Lebzeiten durchgeführten Opfer, später dann die nach ihrer moralischen Qualität zu beurteilenden Taten überhaupt. Bald fürchtete man, dass die Verdienste dieser Taten mit der Zeit aufgebraucht würden und die jenseitige Unsterblichkeit von begrenzter Dauer sei. Ja, man glaubte, die Seele müsse endlos wandern: von der Erde zum Himmel (bzw. zum Mond, dem Tor zur ewigen Lichtwelt), von dort je nach »Karma« oder religiösem Wissen zurück zur Erde, um einen neuen Körper anzunehmen und nach dessen Tod wieder zum Himmel aufzusteigen ...

Mit den altindischen Gottes- und Erlösungsvorstellungen änderten sich auch die alten bildhaften Jenseitsvorstellungen. Die Reinkarnationsidee aber blieb. Es setzte sich die Überzeugung durch: Ziel aller Existenz ist »Brahman«, der apersonale Urgrund allen Seins, den der Mensch in der Meditation in der Tiefe seiner Seele *(atman)* erfahren kann, und in den die Seele schließlich eingehen wird. Voraussetzung dafür ist die moralisch-spirituelle Läuterung der Seele, die von Existenz zu Existenz vervollkommnet werden kann.

Durch die Reinkarnationslehre sieht ein gläubiger Hindu sein Leben also von seiner früheren Existenz determiniert. Sie gibt ihm aber die Möglichkeit, durch entsprechende Lebensführung sein »Karma« und damit seine nächste Existenz zu verbessern, um schließlich den Kreislauf von Tod und Wiederverkörperung *(samsara;* wörtlich: »beständiges Wandern«) zu durchbrechen, Befreiung *(moksha)* zu erlangen und in *brahman* einzugehen.

Schöpfung

»Im Anfang schuf Gott Himmel und Erde« ist der allererste Satz der Hebräischen Bibel. Und auch das christliche Glaubensbekenntnis beginnt mit dem Bekenntnis zu → Gott als dem »Schöpfer von Himmel und Erde«. Doch kann man daran als vernünftiger Mensch heutzutage überhaupt noch glauben?

Für → Fundamentalisten sind die biblischen Schöpfungsberichte jedenfalls wörtlich zu verstehen. Die »Kreationisten« unter ihnen möchten den Schöpfungsglaube dadurch untermauern, dass sie die Milliarden Jahre alte Weltgeschichte auf wenige Jahrtausende reduzieren, diese mit den biblischen Erzählungen synchronisieren und in prähistorischen Funden Beweise dafür sehen. Anhänger des »intelligent Design« sehen in der Komplexität der Schöpfung den Beweis für eine dahinter stehende intelligente göttliche Planung, da sich diese Schöpfung nicht nur durch Mutation und Selektion entwickelt haben könne. Und wieder andere sehen den biblischen Schöpfungsglauben schlicht im Widerspruch zu Geschichts- und Naturwissenschaften, die sie deshalb verteufeln und deren Lehre sie verbieten.

Dies alles sind problematische und unnötige Frontstellungen. Die Bibel ist kein naturwissenschaftliches Handbuch. Sie ist ein Glaubenszeugnis und möchte in einer altorientalischen Bildersprache ganz elementare existenzielle Grundfragen beantworten. Ihr Tenor: Das Universum – und damit auch menschliche Existenz – kommt nicht aus dem Nichts und ist auch kein Zufall. Alles Seiende hat einen Urgrund und Ursprung, der ihm Sinn verleiht, dem es seine Existenz verdankt und in dem es aufgehoben und geborgen ist: Gott. Deshalb ist das Universum kein zufälliges Chaos, sondern von Gott geschaffener »Kosmos«, »Ordnung«.

Dies kann man freilich nicht beweisen, sondern nur glauben. Man kann sich nur – aus guten, auch vernünftigen Gründen – vertrauend darauf einlassen [→ Gott]. Und dies steht nicht im Widerspruch zur Naturwissenschaft, da der biblische Schöpfungsglaube eben keine Welterklärung bietet, sondern die Ursache und Voraussetzung von Weltmodellen, ja der Welt überhaupt, thematisiert.

Der → Islam teilt ganz selbstverständlich den biblischen Schöpfungsglauben. Denn »Allah« ist kein anderer als der in der Bibel bezeugte Gott, und Islam ist nach koranischem Zeugnis Wiederherstellung des Glaubens → Abrahams.

Im Hinduismus hat sich die Vorstellung durchgesetzt, dass die eigentliche Ursache von Mensch, Welt und Universum das allumfassende, ungeschaffene und unvergängliche »Brahman« ist. Die Götter sind dem Menschen zugewandte Manifestationen einzelner Aspekte dieses göttlichen Absoluten. Zahllose Bilder und Mythen hat der Hinduismus hervorgebracht über deren schöpferisches, erhaltendes, aber auch zerstörendes Wirken. Denn nach hinduistischer Vorstellung ist das Leben ewige Wiederkehr: Alles Seiende entsteht, existiert Jahrmilliarden lang in unterschiedlichen Weltenaltern, wird dann von den Göttern zerstört, um sich dann erneut zu entfalten.

Sexualität

Sexualität ist ein menschliches Grundbedürfnis, ein lebenserhaltender Trieb, der nebenbei auch noch seine schönen Seiten hat. Nur die sollten nicht ausufern, zum Selbstzweck werden oder gar pervertiert werden. So sehen das im Grunde, mehr oder weniger, alle Weltreligionen. Und in allen Religionen gibt es heute Kritik an traditionellen, oft einseitigen Haltungen zum Thema Sex und ein Werben für verantwortungsvolle, selbstbestimmte Sexualität.

Der allgemein anerkannte Rahmen zum Ausleben sexueller Bedürfnisse ist für alle Religionen die Ehe, die auf Dauer angelegte Partnerschaft von Mann und Frau. Gleichgeschlechtliche Beziehungen werden nicht geduldet oder sind nicht vorgesehen, in den prophetischen Religionen widersprechen sie traditionell der Schöpfungsordnung, in den Religionen Indiens werden sie hingegen kaum thematisiert. Auch vor- oder außerehelicher Geschlechtsverkehr ist traditionell überall tabu.

Erster Zweck der Sexualität ist für alle Religionen die Fortpflanzung, wobei aber durchaus auch andere Aspekte gesehen werden: Das Judentum betont ihre positive physische und psychische Wirkung, und sinnliche Texte wie das Hohe Lied der Liebe werden bis heute hoch geschätzt. Auch der wenig freizügige Islam sieht im Geschlechtstrieb ein positives Element der Schöpfungsordnung. Und umgekehrt findet in allen Religionen die Keuschheit als freiwilliger Verzicht eine hohe Wertschätzung.

Freilich gibt es in Sachen Sex auch Extreme und Einseitigkeiten: Im Islam ist nicht zu übersehen, dass aufgrund der insgesamt schwächeren Rolle der Frauen das Ehe- und Sexualleben von den Männern dominiert wird: Frauen haben zwar das Recht auf ein Sexualleben, doch sprechen sowohl Koran wie traditionelle Texte vor allem von der Verfügungsgewalt des Mannes über den Körper seiner Frau. Berühmt das umstrittene Bild der Frauen als »Saatfeld« ihrer Männer (Sure 2,223).

Für die christliche Sexualmoral verhängnisvoll war im 4. Jahrhundert Augustins Koppelung der angeblichen Erbsünde des Menschen an den Sexualakt. Mit anderen rigiden Einflüssen führte dies zu einer kirchlichen Abwertung, oft Verteufelung der Sexualität, die allenthalben mit einer Idealisierung der Keuschheit (Zölibat) einherging. Auch die Reformatoren brachten diesbezüglich wenig Änderung, und puritanische und pietistische Gruppen lehnen Lust und andere Sinnenfreuden bis heute als → Sünde ab.

Dagegen gehört im → Hinduismus Lustgewinn (Sanskrit: *kama)* zu den vier klassischen Lebenszielen. Im Tantrismus, einem mittelalterlichen esoterischen Lehrsystem, wurde Geschlechtsverkehr *(maithuna)* sogar als Vorwegnahme der Vereinigung mit dem Absoluten gesehen und entsprechend kultiviert – aber nur von einer elitären Minderheit. Dennoch begegnet man immer wieder der Vorstellung, dass man in Indien sexuell besonders freizügig wäre, was freilich ein Mythos ist.

Dass im monastischen Buddhismus, wie auch in anderen Mönchstraditionen, Sexualität tabu ist, versteht sich von selbst. Für buddhistische Laien hingegen gelten ähnliche Grundhaltungen zum Thema Sex, wie sie auch von den anderen Religionen geteilt werden.

Sünde

Das Wort »Sünde«, zumal in seinem ursprünglichen biblischen Sinn, hat nicht nur mit der Beziehung der Menschen untereinander, sondern vor allem auch mit der Beziehung des Menschen zu → Gott zu tun. Der paradiesische Sündenfall dürfte den meisten geläufig sein: Der Mensch verstößt gegen Gottes Wille und Plan – er isst trotz Verbot vom Baum der Erkenntnis – und wird dafür mit der Vertreibung aus dem Paradies bestraft. Der Mensch wird von Gott zur Rechenschaft gezogen, und entsprechend sehen sich Juden, Christen, aber auch Muslime als Menschen in Verantwortung vor Gott. Sie sehen sich gehalten, entgegen ihren individuellen Neigungen und Interessen Gottes Wille zu befolgen, der unter anderem in religiösen und ethischen Geboten [→ Zehn Gebote] seinen Niederschlag gefunden hat: als Maßstab für richtiges Verhalten. Missachtung dieser Gebote ist Entfremdung von Gott, ist Sünde.

Alle diese drei Religionen sind »prophetische« Religionen und mahnen den sündigen Menschen zur Umkehr: jüdische Propheten wie Amos, Jeremia, Ezechiel, Deuterojesaja; Jesus von Nazaret, für den der Ruf nach Buße und Umkehr und die Sündenvergebung zentrale Fragen waren; Muhammad mit seinem eindringlichen Ruf nach Hinwendung zu Gott und gerechtem Handeln. Für alle diese Religionen steht fest: Kein Mensch ist frei von Sünde, doch kann und soll er aktiv etwas tun, um seine sündhafte Existenz zu überwinden.

Manchen Zeitgenossen mag solches Denken fremd sein. Doch ersetzen wir den Begriff »Sünde« etwa durch das Wort »Schuld«, dann wird das Anliegen dieser Religionen deutlicher: Oft erleben sich Menschen eingewoben in ein vieldimensionales Geflecht von Schuld: in die persönliche Schuld- und Versagensgeschichte, oft verdrängt und verleugnet, aber auch in soziale und geschichtliche, strukturelle und politische Dimensionen von Schuld.

Religiöses Schuld- und Sündenbewusstsein richtig verstanden heißt: solche Schuld nicht ignorieren und verdrängen, aber auch nicht verewigen, sondern sich ihr stellen und sie offensiv thematisieren, etwas verändern. Dafür braucht der Mensch eine moralische Instanz, ein Gewissen und Maßstäbe, an denen sich sein Verhalten orientiert. Und eben darum geht es diesen Religionen, wenn sie von Gott und Sünde, von Umkehr und Vergebung sprechen.

Auch der → Hinduismus fordert seit je her ganz selbstverständlich einen Grundbestand an Tugenden und Pflichten, die bis heute von zentraler Bedeutung sind. Sie zu missachten, gilt als Sünde, zunächst gegenüber den Göttern. Später verstand man Sünde als Verletzung und Gefährdung des *dharma*, jener allumfassenden kosmischen Ordnung. Solches Verhalten erzeugt jene karmischen Impulse, die zur Verhaftung im *Samsara* und zu immer neuer → Reinkarnation führen.

Ähnlich werden auch im → Buddhismus all jene Haltungen und Verhaltensweisen als Sünde betrachtet, die den Menschen ins Dasein verstricken und Leid verursachen.

Tod und Erlösung

Für Juden, Christen und Muslime ist der Glaube an Gott als Schöpfer, Richter und Vollender grundlegend. Diese drei Religionen haben, wenn man so will, ein »lineares« heilsgeschichtliches Denken: beginnend mit der Schöpfung über deren Existenz vor Gott bis hin zur Vollendung in Gott. Oder, um es anders zu sagen: Alles, auch der Einzelne, kommt nicht aus dem Nichts und geht nicht ins Nichts.

So wird auch der Tod nicht als trostloses Ende gesehen, sondern als Übergang in die allumfassende Wirklichkeit Gottes. Bildhafte Vorstellungen vom Paradies, in das die Gläubigen einst gelangen werden, mit allen denkbaren Freuden, gibt es in allen diesen drei Religionen, ebenso wie jene von unsagbaren höllischen Strafen für die Ungläubigen. Aber das sind Bilder, die freilich zu allen Zeiten auch missbraucht wurden, zur Vertröstung, Einschüchterung oder Drohung, und die bis heute nicht zuletzt von irregeleiteten Fanatikern als Alibi für ihr menschenverachtendes Tun herhalten müssen.

Doch der Übergang in Gottes Vollendung ist ein Geschehen jenseits aller menschlichen Vorstellungen und Erfahrungen. Auch ein Geschehen jenseits von Raum und Zeit: Es gibt kein Dort, kein Oben (Himmel) und Unten (Hölle), kein Früher und kein Später. Mit dem Tod geht der Mensch ein in ein »ewiges Leben«, das mit unserem irdischen Leben freilich wenig gemein hat.

Und die Hölle, ewige Verdammnis, Gottesferne?

Auch die Hölle ist kein Ort, »wohin« man geht. Vielleicht ist die Hölle jene Erfahrung, die man im Tod macht: die unerbittliche, unausweichliche Konfrontation mit dem gesamten eigenen Leben, der sich selbst der Gewissenloseste nicht entziehen kann. Womöglich sieht man dann das Leben aus der ganz anderen, umfassenden Perspektive, der Perspektive Gottes, die auch anderes zu sehen vermag, als das, was wir Menschen zu sehen imstande sind.

Die Religionen Indiens teilen die Vorstellung von einem Anfang und einem Ende nur bedingt. Nach hinduistischer Vorstellung erlebt sich der Mensch verstrickt in die karmischen Wirkungen seiner Haltungen und Taten. Deshalb durchläuft seine Seele immer neue Existenzen, Tode und → Reinkarnationen, entsprechend ihrer karmischen Disposition. Und zwar so lange, bis der karmische Impuls erlischt und die Seele frei wird und in *brahman* eingeht, in Gottes allumfassende Wirklichkeit.

Auch im → Buddhismus hält man am Reinkarnationsglauben fest, auch wenn man die Existenz einer individuellen Seele leugnet. Fünf »Skandhas« – Form, Empfindung, Bewusstsein, Wille, Erkennen – konfigurieren den Mensch ständig neu und verstricken ihn über eine komplexe Ursachenkette in den karmischen Kreislauf. Nur die erlösende Erkenntnis und *nirvana*, das Aufgeben aller Begierden, kann diesen Kreislauf durchbrechen und den Mensch befreien: im Hier und Jetzt und für alle Zeit.

Trinität

Mit dem Glauben an die »Trinität« Gottes, dem Sein Gottes in der Dreieinigkeit von Vater, Sohn und Geist, steht und fällt für viele der christliche Glaube. Dies kommt nicht von ungefähr, ist doch die Trinitätslehre seit dem 4. Jahrhundert das Zentraldogma christlicher Gotteslehre, allerdings auch umstritten: Sie findet sich in keinem Glaubensbekenntnis, in der Kirche des Westens wird sie erst seit dem 14. Jahrhundert liturgisch gefeiert, kritische Theologen halten sie für problematisch, und manche christliche Gruppen lehnen sie bis heute sogar ganz ab.

Um sie zu verstehen, würde es kaum helfen, hier jetzt die klassischen theologischen Unterscheidungen zwischen dem einen göttlichen Wesen und den drei »Hypostasen« oder der einen Substanz und den drei Personen erklären zu wollen. Die wenigsten könnten wohl damit etwas anfangen.

Worum geht es? Es geht zunächst um Jesus Christus, in dessen Wirken die ersten Christen das Wirken Gottes selber sahen und den sie nach seinem Tod von Gott auferweckt, zu Gott erhöht glaubten. »Sohn Gottes« hat man ihn deshalb genannt, in Anlehnung an alte jüdische Vorstellungen, denen zufolge der König mit seiner Thronbesteigung zum »Sohn Gottes«, von Gott bevollmächtigt wird. Man deutete Psalm 2,7 auf Jesus, der vom König als »Sohn« Gottes spricht, den Gott selber mit seiner Einsetzung zum König »gezeugt« habe, und mit Psalm 110 nahm man an, dass Jesus Christus jetzt

»zur Rechten Gottes« sitze: Wie einst der König hat jetzt er Anteil an Gottes Glanz und Wirklichkeit.

Im Licht des Auferweckungsglaubens war auch klar, dass kein anderer als Gott selber, nämlich Gottes Geist, in Jesu Wirken offenbar geworden ist. Insofern machte es Sinn, von einer Wirk- oder Offenbarungseinheit von Vater (Gott), Sohn (Jesus Christus) und Gottes Geist zu sprechen. Doch die wechselseitige Zuordnung dieser drei wird im Neuen Testament jeweils sehr unterschiedlich verstanden. Von einer wesensmäßigen Einheit, wie später definiert, steht dort jedenfalls kein Wort – außer im 1. Johannesbrief (5,7 – 8), und dies ist ein nachträglicher Einschub aus dem 4. Jahrhundert. Und auch Jesus hat sich selber nicht Gott genannt: »Warum nennst Du mich gut?«, soll er gefragt haben: »Niemand ist gut als Gott allein« (Markus 10,18).

Die Entwicklung zur späteren Trinitätslehre ist komplex. Nach der Zerstörung Jerusalems wird das Christentum mehr und mehr griechisch. Auch die neutestamentlichen Texte werden jetzt im Licht griechischer Philosophie reflektiert. Vorstellungen wie die einer vor aller Zeit existierenden »Weisheit« (logos) Gottes, von der Johannes spricht, werden auf Jesus bezogen, den man bald als Mensch gewordenen Gott versteht.

Statt der alten jüdischen Bildersprache jetzt philosophische Distinktionen und Definitionen, die unter Kaiser Konstantin – auch auf dessen Druck – in den Trinitätsdogmen gipfeln. Im Westen wird diese Lehre bis ins Mittelalter weiter ausdifferenziert.

Was Jesus selber wohl zu all dem gesagt hätte?

Weltethos

Die Weltethosidee geht auf den Tübinger Theologen Hans Küng zurück. In seinem Buch »Projekt Weltethos« hat er 1990 programmatisch entwickelt, was unter einem Weltethos zu verstehen ist und warum dies für die heutige Welt von Bedeutung ist.

Der Begriff »Ethos«, der in diesem Wort steckt, heißt wörtlich »gute Sitte« und meint eine bestimmte ethische Grundhaltung, aus der heraus man etwas tut oder lässt. In unserer Umgangssprache ist dieser Begriff selten geworden, man findet ihn etwa im Wort »Berufsethos«, an dem man gut illustrieren kann, was Ethos meint.

»Berufsethos« meint bestimmte Grundprinzipien, die sich Mitglieder bestimmter Berufsgruppen für ihre Berufsausübung zu eigen machen. So unterlässt man bestimmte Dinge, weil sie dem jeweiligen Berufsethos widersprechen, weil man diese als anständiger Arzt, Kaufmann, Handwerker nicht tut. Ein Berufsethos ist kein juristisches Regelwerk mit Sanktionen und Strafen. Es meint vielmehr innere Haltungen, ethische Überzeugungen, oft nicht einmal schriftlich fixiert, die sich Vertreter bestimmter Berufe aus Verantwortung den Geschäftspartnern, Kunden, der Gesellschaft gegenüber auferlegen. Sie sind entstanden, weil sie notwendig wurden, da mit der Zeit deutlich wurde, dass zur guten Ausübung eines Berufes bestimmte ethische Grundhaltungen wie etwa Ehrlichkeit, Gerechtigkeit oder Menschlichkeit notwendig sind.

Das gilt aber nicht nur für Berufe, sondern für das Zusammenleben der Menschen überhaupt. Denn mit der Menschwerdung des Menschen mussten die Menschen auch bestimmte »Spielregeln« entwickeln, damit ihr Zusammenleben funktioniert. Sie mussten lernen, Konflikte nicht mit Gewalt auszutragen, fremdes Eigentum zu respektieren, die Alten und Schwachen zu schützen, Sexualität nicht zu missbrauchen und vieles andere mehr.

Deshalb lehrten und lehren die großen Weltreligionen zu allen Zeiten ähnliche ethische Grundprinzipien, ein im Kern identisches Ethos, wenn sie es auch unterschiedlich begründen. Hans Küng hat seinerzeit diesen Sachverhalt herausgearbeitet und jene kulturübergreifenden Konvergenzen im Ethos mit dem Begriff »Weltethos« bezeichnet. Eindrücklich bestätigt wurde diese Idee im Jahr 1993: Inspiriert von Hans Küng hat das zweite »Parlament der Weltreligionen« in Chicago in seiner »Erklärung zum Weltethos« einen Grundbestand an gemeinsamen Werten formuliert: das Prinzip »Menschlichkeit«, die »Goldene Regel« der Gegenseitigkeit (»Was Du nicht willst, dass man Dir tut ...«), die Prinzipien Gewaltlosigkeit, Gerechtigkeit, Wahrhaftigkeit und Partnerschaft von Mann und Frau.

Für das Zusammenleben von Menschen unterschiedlicher Kulturen und Religionen ist es wichtig, dass sie wissen, dass sie im Ethos vieles gemeinsam haben. Und keine Gesellschaft, ob religiös oder nicht, kann ohne einen Grundbestand an gemeinsamen Werten funktionieren.

HERAUS-FORDERUNGEN

Aufklärung und Säkularisierung

Die Aufklärung hat im 17./18. Jahrhundert die abendländische Kultur in ihren Grundfesten erschüttert und nachhaltig verändert. Ein → Paradigmenwechsel, wie er dramatischer nicht sein konnte: Moderne Staatstheorien (Richelieu), geistige Revolutionen in Naturwissenschaft (Galilei, Newton) und Philosophie (Descartes bis Kant) führten zur demokratischen Revolution in Staat und Gesellschaft (Französische Revolution, Menschenrechte), der schließlich die industrielle Revolution folgte. Nicht mehr religiöse Dogmen, Offenbarungsglaube und Kirchendisziplin sind jetzt maßgebend, sondern moderner Staat, Fortschritt und Vernunft.

Man spricht auch von »Säkularisierung«, »Verweltlichung«, da sämtliche traditionelle Autoritäten – klassische Philosophie, mittelalterliche Theologie und Kirche, Bibel – kritisch hinterfragt und in eine tiefe Legitimationskrise gestürzt werden. Unumkehrbar erfasst die Moderne alle Bereiche des gesellschaftlichen Lebens, und die christlichen Kirchen geraten in die Defensive: Die Päpste verteufeln die Menschrechte, und Theologen wie Kirchenleitungen verweigern sich, von wenigen Ausnahmen abgesehen, den modernen Forderungen nach Emanzipation, Religionsfreiheit und Rezeption moderner Wissenschaft (historische Forschung, Evolutionslehre, Physik). Vieles davon wird erst im 20. Jahrhundert umgesetzt, und rückwärtsgewandte Traditionalisten wie antimoderne → Fundamentalisten – in den USA, Südamerika, Afrika und Osteuropa wieder auf dem Vormarsch – verweigern sich dem bis heute.

Während bestimmte Strömungen im Judentum sehr früh offensiv eine Modernisierung und Assimilation ihrer Religion betreiben, hat man im Islam, aber auch im Hinduismus, die Aufklärung allzu lange ignoriert. Erschwerend kam für diese Kulturen hinzu, dass sie nicht wie das Christentum eine Reformation erlebten und daher in vielen Bereichen nicht auf die Moderne vorbereitet wurden. Mehr oder weniger massiv wurden sie mit der Moderne konfrontiert, oft in Gestalt europäischer Kolonialmächte, die zu Beginn des 20. Jahrhunderts Afrika, den Nahen und Mittleren Osten, Indien und große Teile Südostasiens kontrollierten. Aufklärung und »westliche« Werte gingen für sie oft Hand in Hand mit ökonomischer Ausbeutung und politischer Unterdrückung.

Heute wissen wir, dass der moderne Vernunft- und Fortschrittsoptimismus seinen Preis hatte und neben vielem Positiven auch erhebliche globale und gesellschaftliche Probleme, auch im Ethisch-Religiösen, geschaffen hat. »Säkularisierung« ist deshalb für viele Religiöse gleichbedeutend mit »Gottlosigkeit«, was freilich nichts daran ändert, dass sich niemand auf Dauer der Aufklärung verweigern kann.

Diskriminierung von Frauen

Für alle heutigen Religionen und Kulturen ist die Frage der Gleichberechtigung von Frauen eine Herausforderung, für viele ein Problem. Zwar wären die meisten Religionen ohne ihre weiblichen Gläubigen und deren Dienste kaum lebensfähig, zumal auch die häusliche religiöse Erziehung und die Weitergabe des Glaubens weitgehend in den Händen der Frauen liegt. Doch sind Frauen in den Religionen oft noch weit von der gleichberechtigten Teilhabe an Macht und Einfluss entfernt. Viele Religionen sind männerzentriert und legitimieren die männliche Dominanz religiös.

Religionen sind die Kinder ihrer Zeit. Eine Religion, die sich um 1000 vor Christus im vorderen Orient formiert, spiegelt zwangsläufig in ihren Urkunden auch die gesellschaftlichen Verhältnisse jener Zeit. Selbst im Christentum, dessen erste Gemeinden ein egalitäres Ethos pflegten, und wo Frauen zunächst eine konstitutive Rolle spielten, setzten sich über kurz oder lang die patriarchalen Strukturen der Umwelt durch: Gemeindeleiter, Priester, Bischöfe, Päpste – alles männlich (oder als Männer ausgegeben), galten Frauen doch – nicht nur im Christentum – als unrein, verführerisch, triebhaft, minderwertig. Bestenfalls Klöster und andere Kommunitäten boten Frauen die Möglichkeit alternativer, selbstbestimmter Lebensformen außerhalb der Ehe. Auch Luthers Reformation trug mit

der Abschaffung von Zölibat und Enthaltsamkeits-
idealen und der Aufwertung der Ehe zur Aufwertung
der Frau bei, wenn auch die Gesellschaft insgesamt
patriarchalisch blieb.

In den anderen Religionen vergleichbare Befunde:
Im Islam, zunächst dank der Prophetenfrauen und
anderer weiblicher Gewährsleute durchaus eine
Hochschätzung von Frauen, die aber schon im Koran
im Namen Gottes zurückgedrängt und abgewertet
werden [→ Sexualität]. So auch im Buddhismus,
wo Frauen zwar früh die Zulassung zur Mönchsgemeinde erstreiten, aber bis heute, von wenigen Formen des Buddhismus abgesehen, benachteiligt, ja
untergeordnet sind. Ebenso auch im Hinduismus,
dessen notorische Geringschätzung von Frauen (außer vielleicht im Tantrismus) durch einen ausgepräg-
ten Mutter- und Göttinnenkult kompensiert wird,
vergleichbar mit katholischer Marienfrömmigkeit,
wo aber bis heute Vätern wegen des zu erwarten-
den hohen Brautgelds zur Geburt einer Tochter kon-
doliert wird. Indiens Frauen sind zwar auf dem Vormarsch, haben aber noch einen langen Weg vor sich.

Die Gleichberechtigung von Frauen ist eine
typische Forderung der Moderne und der →
Aufklärung. Überall dort, wo sich die Moderne ge-
sellschaftlich durchsetzt, verlangen auch Frauen
selbstverständlich nach ihren Rechten – religiöse
Traditionen hin oder her. Dass dies freilich dauern
kann, selbst mitten in Europa, zeigt das Beispiel der
Schweiz: Hier hat man das Frauenwahlrecht erst
1971 eingeführt – immerhin knapp 200 Jahre nach
der Französischen Revolution.

Fundamentalismus

Hand auf's Herz: Haben Sie jetzt nicht auch an den Islam gedacht? Natürlich ist der Fundamentalismus ein Problem für den Islam, aber nicht nur. Er ist ein Problem faktisch in allen Religionen.

Warum werden Fundamentalisten eigentlich »Fundamentalisten« genannt? Dieser Name geht zurück auf eine Gruppe bibeltreuer evangelischer Christen und konservativer Theologen aus Princeton. Zwischen 1910 und 1915 verfassten diese eine zwölfbändige Schriftenreihe »Die Fundamente: Ein Zeugnis für den Glauben«. Fünf Jahre später wurden sie deshalb erstmals »Fundamentalisten« genannt – seither der Oberbegriff zunächst nur für diese Protestanten, später auch für Gleichgesinnte weltweit.

Und worum ging es den Fundamentalisten damals? Um den Schutz des wahren christlichen Glaubens – so wie sie ihn verstanden – vor den vielfältigen Bedrohungen durch die moderne Welt und Gesellschaft:

– Denn da gab es Theologen, die behaupteten, die Aussagen der Bibel seien gar nicht wörtlich zu verstehen, sondern zu interpretieren, auszulegen. Der Bericht etwa von der Erschaffung der Welt sei nur symbolisch zu verstehen, nicht wissenschaftlich-exakt, und die »Fünf Bücher Mose« stammten nicht vom legendären → Mose selber, sondern seien in einem komplexen literarischen Prozess entstanden [→ Bibel].

– Da gab es Biologen, die lehrten, der Mensch sei nicht, wie die Bibel berichtet, von Gott erschaffen worden, sondern habe sich in einem komplexen Evolutionsprozess aus der Tierwelt entwickelt; der Mensch ein Verwandter des Affen!

– Da gab es Zeitgenossen, die forderten die religiöse Unabhängigkeit des modernen Staates, religiöse Toleranz und moderne Freiheitsrechte, wie die Gleichberechtigung der Frauen, wovon in der Bibel doch nun wirklich nichts zu lesen sei!

Nach dem Glauben jener Protestanten aber ist jedes Wort der Bibel von Gott selber inspiriert. Die Bibel irrt nicht, und alles, was darin steht, ist gleichermaßen wörtlich zu verstehen. Und dem zu widersprechen, gilt als Verrat am wahren christlichen Glauben, als Gottlosigkeit. Ersetzen wir nun »Bibel« etwa durch »Koran« oder den Namen anderer Heiliger Schriften, dann erkennen wir die Argumente von Fundamentalisten anderer Religionen. Der Fundamentalismus ist ein Weltproblem. Er entsteht überall dort, wo religiöse Menschen Schwierigkeiten haben, ihren Glauben mit den theologischen, wissenschaftlichen, gesellschaftlichen und politischen Errungenschaften und Erfordernissen der modernen Welt [→ Aufklärung] in Einklang zu bringen.

Aber Fundamentalisten sind nicht von vornherein Terroristen, die für ihre Überzeugungen Gewalt einsetzen, gar morden. Der religiös verbrämte Terrorismus ist ein komplexes Phänomen mit vielen Ursachen [→ Heiliger Krieg], wovon sich auch viele Fundamentalisten – nicht zuletzt aus Glaubensgründen – entschieden distanzieren.

Gewalt

Religionen möchten den Menschen Welterklärung geben, sie möchten moralische Orientierung bieten, umfassenden Lebenssinn vermitteln, Wege zu Heil und Erlösung aufzeigen über dieses irdische Dasein hinaus.

Zugleich sind Religionen aber auch Machtsysteme. Religionen haben – die einen schneller, die anderen langsamer – zu mehr oder weniger organisierten Formen gefunden, haben mehr oder weniger ausgeprägte Institutionen entwickelt, haben sich organisiert, bildeten Lehrämter und Leitungsfunktionen aus und haben so versucht, sich in ihrem jeweiligen Umfeld nicht nur zu stabilisieren und zu organisieren, sondern auch zu behaupten und, sehr oft, gegen Konkurrenten und Widersacher durchzusetzen. Und dieser Prozess der Selbstdefinition und Selbstbehauptung lief je nach Religion und historischem Kontext mehr oder weniger friedlich, mehr oder weniger konfliktreich ab. Insofern waren und sind Religionen eben auch politische Größen, die ihre eigenen Machtansprüche auch mit Gewalt durchsetzen [→ Heiliger Krieg].

Man macht es sich zu einfach, wenn man in solchen Fällen nur vom »Missbrauch« der Religionen spricht, als ob, wenn im Namen einer Religion zu Gewalt aufgerufen wird, einige böse Menschen eine gute Sache für ihre Zwecke nur missbrauchen. Denn in den Heiligen Schriften und Traditionen vieler Religionen, ja der meisten Religionen, ist diese Zweideutigkeit grundgelegt. Es finden sich dort Welt-erklärungen, Heilslehren und ethische Botschaften ebenso, wie sich Zeugnisse von Ausgrenzung, Konflikten und Gewalt finden, die zu allen Zeiten als Alibi für Rechthaberei, Absolutheitsansprüche und offene Gewalt gegen Andersdenkende und Andersglaubende genutzt wurden und werden.

Doch in keiner Religion ist alles gleich gut und wahr. Deshalb müssen wir uns kritisch mit den Heiligen Schriften, Traditionen und Praktiken in den Weltreligionen auseinandersetzen. Maßstab und Norm ist zum einen das Zentrum, die Mitte der einzelnen Religionen, ihre Grundbotschaft, oft konzentriert in ihren Stifterfiguren. Maßstab ist aber auch das Ethos der einzelnen Religionen, das heißt ihr Bestreben, dem Menschen zu wahrhafter Menschlichkeit zu verhelfen. Und da ist neben Gerechtigkeit, Wahrhaftigkeit und dem Gebot, Sexualität nicht zu missbrauchen, für alle Religionen die Gewaltlosigkeit zentral [→ Weltethos].

Wir dürfen also nicht, wie es → Fundamentalisten oft tun, alles wort-wörtlich verstehen und gleichberechtigt fordern, was sich in den Heiligen Schriften und den oft komplexen Traditionen irgendwo findet. Welt- und Menschenbilder, politische und gesellschaftliche Vorstellungen bestimmter Kulturkreise oder Epochen dürfen nicht unkritisch fundamentalistisch in unsere heutige Zeit übertragen, einseitig instrumentalisiert und politisch funktionalisiert werden. Und jeder Form von Gewalt, auch im Namen Gottes, muss widerstanden werden. Besonders von religiösen Menschen.

Heiliger Krieg

Kein Krieg ist heilig. Und er wird es auch nicht, wenn man ihn für eine »heilige« Sache, für Glaubensüberzeugungen oder im Namen einer Religion führt, sei es als mittelalterlicher Papst, als islamischer Selbstmordattentäter oder als amerikanischer Präsident. Die Geschichte der angeblich »heiligen Kriege« ist so lang wie die Geschichte der Religionen selber, und in kaum einer Religion wurden nicht irgendwann zur Durchsetzung religiöser oder politischer Interessen → Gewalt und Macht ausgeübt und Kriege geführt. Bekannt und berüchtigt dafür sind besonders Christentum und Islam.

Schon früh entstand im → Christentum jener kirchliche Antijudaismus, der im Mittelalter Schule machen sollte und dessen Intoleranz bald auf andere vermeintliche »Ungläubige« oder »Ketzer« ausgedehnt wurde. Wohlbekannt die Geschichte der Kreuzzüge ab dem 11. Jahrhundert nicht nur gegen die Muslime in Jerusalem, sondern auch gegen Juden und abweichlerische Christen wie die Albingenser im 16. Jahrhundert. Wohlbekannt sind auch die Folgen der über weite Strecken gewaltsamen Christianisierung Lateinamerikas, von der Inquisition seit dem 15. Jahrhundert und anschließendem Hexenwahn bis ins 17. Jahrhundert nicht zu reden. Dennoch wäre es falsch und einseitig, das Christentum auf diesen kriegerischen und gewalttätigen Aspekt seiner Geschichte zu reduzieren. Ungezählte friedfertige Christinnen und Christen haben im

Laufe der Jahrhunderte gezeigt, was Nachfolge Jesu heißt und worauf es im Christentum ankommt.

Auch der Islam hat besonders seit den Septemberanschlägen 2001 ein gravierendes Imageproblem und steht unter Generalverdacht, gewaltbereit und kriegerisch zu sein. Unüberhörbar drohen extremistische Eiferer vermeintlich Ungläubigen und denen, die sie dafür halten, mit »Djihad«, »heiligem Krieg«. Und viele Nichtmuslime sehen den Islam deshalb auf einem globalen Kriegszug gegen westliche Werte und Zivilisation.

Dass die Entstehung des Islam auch mit einer Konfliktgeschichte der ersten muslimischen Gemeinde verbunden ist, ist bekannt [→ Islam]. Diese fand auch im Koran ihren Niederschlag, und entsprechend finden sich neben überwiegend friedlichen und versöhnlichen Koranversen etwa Juden und Christen gegenüber auch Stellen, wo offen zu deren Bekämpfung und Liquidierung aufgerufen wird, so wie auch »Ungläubige« bekämpft werden sollen.

An keiner dieser Stellen ist aber von »Djihad«, gar von »heiligem Krieg« die Rede. »Djihad« kommt im Koran in 28 Versen vor. Und Muslime unterscheiden gemeinhin zwischen dem »großen Djihad«, der »Anstrengung« im religiös-moralischen Sinn, dem »Bemühen auf dem Wege Gottes«, das allen Muslimen gilt, und dem »kleinen Djihad«, der als Kampf gegen Tyrannei und Unterdrückung nur im Extremfall auch Krieg mit einschließen darf. Jedenfalls hat »Djihad« traditionell nichts mit Mission oder gewaltsamer Ausbreitung des Islam zu tun.

Dies ändert sich im 20. Jahrhundert. Jetzt treten nämlich islamische Denker auf – als Reaktion zunächst auf den europäischen Kolonialismus, später auf den jüdischen Zionismus und die einseitige Nahostpolitik des Westens –, die den Begriff »Djihad« politisch umdeuten und radikalisieren:

– In den 1960er Jahren ruft die ägyptische Muslimbruderschaft zum bewaffneten »Djihad« mit Terroranschlägen gegen USA und Zionisten auf, Vorbild für islamistische Terroristen bis heute.

– Irans Ayatollah Khomeini interpretiert »Djihad« als antiimperialistische und vor allem antiamerikanische Revolution.

– Ähnlich deutet der Saudi Abdallah Azzam den Djihad-Begriff einseitig militant um, was Ende der 1970er Jahre bei einem jungen Studenten namens Osama bin Laden auf fruchtbaren Boden fiel – mit den bekannten schrecklichen Folgen.

Doch dies sind Meinungen und Interpretationen von Minderheiten, die von der übergroßen Mehrheit der Muslime abgelehnt werden.

Die Geschichte seit den Terroranschlägen 2001 zeigt aber, wie schnell solche unheiligen Kriegstraditionen und -phantasien mobilisierbar sind und mithelfen, Krieg, Terror und Hass zu forcieren und zu legitimieren. Wie wenige andere hat der damalige UN-Generalsekretär Kofi Annan dagegen angekämpft und sich in seiner Weltethosrede 2003 in Tübingen dazu geäußert:

»Wir dürfen nicht zulassen, dass Anschläge wie vom 11. September 2001 einen ›Zusammenprall der Kulturen‹ provozieren, in dem Millionen Menschen aus Fleisch und Blut einer Schlacht zwischen zwei Abstraktionen – dem ›Islam‹ und dem ›Westen‹ – zum Opfer fallen, als ob islamische und westliche Werte unvereinbar wären. Sie sind es nämlich nicht, wie Ihnen die Millionen gläubiger Muslime, die hier in Deutschland und anderswo auf der Welt leben, als erste versichern würden. … Daraus folgt, dass keine Religion und kein ethisches System je wegen moralischer Entgleisungen einiger ihrer Anhänger verurteilt werden sollten. Wenn ich als Christ beispielsweise nicht will, dass mein Glaube nach den Handlungen der Kreuzritter oder der Inquisition beurteilt wird, muss ich auch selbst sehr vorsichtig sein, um nicht den Glauben eines anderen nach den Handlungen zu beurteilen, die einige wenige Terroristen im Namen seines Glaubens begehen.«

Deshalb sollten wir aus der Geschichte lernen und Feindbilder, religiöse besonders, kritisch hinterfragen, offensiv dagegen angehen und uns gegen deren politische Instrumentalisierung wehren. Und Kriege sollten, auch wenn sie sich »heilig« nennen, als das gesehen werden, was sie sind: »unheilige« Verbrechen an der Menschheit, meist mit unübersehbaren Folgen, die mit allen Mitteln zu verhindern sind!

Paradigmenwechsel

»Paradigma« ist griechisch und heißt »Beispiel« – was aber zunächst nichts erklärt. Auch die Definitionen aus der Sprachwissenschaft (»Deklinationsmuster«, »sprachliche Einheit«) helfen kaum weiter, deuten aber an, worum es geht: um Dinge, die etwas gemeinsam haben. Von dort hat der amerikanische Wissenschaftstheoretiker Thomas S. Kuhn den Paradigmenbegriff übernommen und ausgeweitet. Berühmt Kuhns Definition von Paradigma als »Konstellation von Überzeugungen, Werten, Verfahrensweisen usw., die von den Mitgliedern einer gegebenen Gemeinschaft geteilt werden«. Was meint er damit?

Für Kuhn ist der Paradigmenbegriff ein Verstehensmodell, mit dem er die Entwicklung in den Naturwissenschaften analysiert. Er zeigt auf, dass sich Naturwissenschaft entwickelt, indem sie revolutionäre »Paradigmenwechsel« durchmacht: Durch neue Erkenntnisse entstehen neue Weltsichten, dabei verlieren die alten ihre Gültigkeit. Berühmtes Beispiel: die Kopernikanische Wende. Mit Kopernikus ändert sich radikal die Sicht der Menschen auf das Universum. Nicht mehr die Erde steht jetzt im Mittelpunkt, wie noch bei Ptolemäus, sondern die Sonne, und so kann Kopernikus viele Phänomene präziser und zuverlässiger beschreiben als sein Vorgänger.

Paradigmenwechsel drängen sich also dann auf, wenn bestimmte Weltsichten oder Lebensweisen nicht mehr ausreichen, um auf bestimmte Herausforderungen eine befriedigende Antwort zu geben. Dann kommt es zur geistigen Revolution, zu einem neuen Paradigma.

Auf dieser Linie hat Hans Küng Kuhns Paradigmenbegriff auf die Religionen übertragen. In großen Untersuchungen von Judentum, Christentum und Islam hat er aufgezeigt, wie Religionsgeschichte als Abfolge von Paradigmenwechseln zu erklären und zu verstehen ist. Religiöse Botschaften existieren nie abstrakt, sondern sie werden immer aus einer bestimmten Zeit, einem Paradigma heraus formuliert. Durch politische, religiöse oder kulturelle Veränderungen kommt ein Paradigma in die Krise – und ein neues Paradigma, eine neue Sicht und Interpretation der Botschaft, entsteht. Klassisches Beispiel: Luthers Reformation. Luther erfindet kein neues Christentum, wohl aber bietet er, nachdem das römisch-katholische Mittelalter in die Krise geraten ist, eine neue revolutionäre Sicht des Christentums.

So machen die großen Religionen in ihrer Geschichte epochale Paradigmenwechsel durch – bis hin zur Moderne [→ Aufklärung] und zur Postmoderne. Doch anders als in der Naturwissenschaft sterben im Religiösen die Vertreter alter Paradigmen oft nicht aus, sondern leben – wie etwa mittelalterlich denkende Konservative – noch heute weiter. Und die Repräsentanten bestimmter Paradigmen, etwa mittelalterlich denkende konservative Christen und antimoderne islamische Mullas, verstehen sich zwischen den Religionen oft besser als Vertreter unterschiedlicher Paradigmen innerhalb einer Religion.

SYMBOLE

Kreuz

Die Kreuzigung war für → Jesus und für alle, die an ihn glaubten, ihn liebten und ihm nachfolgten, eine Katastrophe. Jesus selber fühlte sich in der Stunde seines Todes am Kreuz von Gott verlassen, seine Familie und seine Anhänger waren verzweifelt, und Außenstehende hatten für diesen mit der schrecklichsten aller damaligen Exekutionsmethoden hingerichteten jüdischen Wanderprediger nur noch Mitleid oder Spott übrig. Das Kreuz: ein brutales, unumkehrbares Faktum!

Doch schon bald gelangten seine Anhänger aufgrund bestimmter geistiger Erfahrungen zu der Überzeugung: Dieser Jesus ist nicht ins Nichts hinein gestorben, er ist von Gott zum ewigen Leben erweckt, in Gottes Herrlichkeit aufgenommen worden, er ist der »Christus«, der von Gott »Gesalbte«, der Messias. Denen, die diese Erfahrung nicht gemacht haben und die nicht daran glaubten, war dies freilich nur schwer zu vermitteln. Nicht von ungefähr schreibt Paulus deshalb im ersten Korintherbrief, dass das Kreuz »für Juden ein empörendes Ärgernis (skandalon), für Heiden eine Torheit, für die Berufenen aber ... Gottes Kraft und Weisheit« sei (1,23 f).

Paulus wusste, wovon er schrieb, zumal die erste bildliche Darstellung des Gekreuzigten, die wir kennen, wohl im 3. Jahrhundert in eine Wand auf dem römischen Palatin eingeritzt, den Gekreuzigten mit einem Eselskopf karikiert, unter dem geschrieben steht: »Alexamenos betet seinen Gott an.« Entsprechend hatten die Christen der ersten Jahrhunderte gute Gründe für ihre Hemmungen, den Gekreuzigten darzustellen oder das Kreuzessymbol zu verwenden. Es gibt frühe Darstellungen eines Jünglings als guten Hirten, und es wird auch vermutet – historisch allerdings nicht belegt, sondern nur später in Anspielungen überliefert –, dass die Christen in der Verfolgungszeit den Fisch (griechisch »Ichthys«, für Iesous Christos Theou Hyios Soter = Jesus Christus Sohn Gottes Erlöser) als Erkennungszeichnungen verwendet haben.

Die Verwendung des Kreuzes als Symbol für Gottes Heilswirken in Christus ist faktisch erst seit der Konstantinischen Wende im 4. Jahrhundert [→ Christentum] belegt, zunächst u. a. auf Sarkophagen. Seither ist das Kreuz als christliches Symbol schlechthin etabliert. Je nach kulturellem und historischem Kontext sind im Laufe der Geschichte unterschiedliche Formen des Kreuzes entstanden.

Die ältesten erhaltenen naturalistischen Kreuzigungsdarstellungen stammen aus dem 5. Jahrhundert, wobei sich die Art der Darstellung in den folgenden Jahrhunderten verändert: vom gloriosen Sieger und König (Frühmittelalter) über den eher menschlichen Gekreuzigten (Hochgotik, Frührenaissance) hin zum intensiven Ausdruck des Leidenden (Spätgotik).

Menora

Die Menora (hebräisch für »Leuchter«, »Lampe«), der siebenarmige Leuchter, ist das wohl wichtigste religiöse Symbol des Judentums. Seit Alters hat die Zahl Sieben die Menschen fasziniert. Sie ist die Summe zweier als vollkommen geltender Zahlen, drei und vier, die ihrerseits wieder unterschiedlichst ausgedeutet werden, und sie hat in vielen Kulturen in Philosophie, Religion, Wissenschaft und unterschiedlichsten Bereichen des menschlichen Lebens zentrale Bedeutung. So auch in der Hebräischen → Bibel: Sieben Schöpfungstage (mit Ruhetag), Lamech kommt in der siebten Generation nach Adam, lebt 777 Jahre und soll 77 Mal gerächt werden, Noahs Taube bleibt sieben Tage aus, Josef träumt von sieben fetten und sieben mageren Kühen, der Tempel Salomos hat sieben Stufen, Vergeltungen, Belohnungen, Segnungen finden sieben Mal statt, Feste dauern sieben Tage, und nach Psalm 12,7 sind die Worte des Herrn »lautere Worte, Silber, geschmolzen im Ofen, von Schlacken geschieden, geläutert siebenfach«.

Nachdem Gott Mose die Tafeln der → Zehn Gebote übergeben hat, gebietet er ihm, ein Heiligtum für ihn, Gott Jahwe, zu errichten: das Stiftszelt mit Altar und Bundeslade. Für dieses Stiftszelt soll Mose einen goldenen Leuchter schmieden »mit sieben Lampen«, die Menora (vgl. Ex 25,31 – 40). Sie dient fortan im Stiftszelt als Kultgerät.

Unter König → David wird das Stiftszelt nach

Jerusalem gebracht und der Kult dort zentralisiert. Unter Davids Nachfolger Salomo wird für das Heiligtum der erste Tempel erbaut. Im Tempel gab es Leuchter, ob die aber auch sieben Arme hatten, wissen wir nicht. Es ist aber durchaus möglich, wenn nicht sogar wahrscheinlich. Später werden Jerusalem und der Tempel von den Babyloniern zerstört [→ Judentum]. Nach dem Babylonischen Exil wird ein zweiter Tempel errichtet, hier wird die siebenarmige Menora als Tempelleuchter genutzt. Denn nach der Zerstörung des Tempels im Jahre 70 n. Chr. durch die Römer wird sie von Titus geraubt und nach Rom gebracht – das Fries auf dem Titusbogen in Rom zeigt die Menora als Beutestück. Die Menora selber gilt seither aber als verschollen.

Seit der Antike wird die Menora zum häufigsten und wichtigsten jüdischen Symbol. Sie erscheint auf Münzen, in der Kunst, beim Synagogenbau – und ist überall im religiösen Leben präsent. Mit anderen Kultgeräten wurde sie im Mittelalter sogar zum Symbol für den in der Endzeit zu errichtenden dritten Tempel, zum Zeichen jüdischer messianischer Hoffnung.

Auch das moderne Israel hat sich diese vielschichtige in der Menora verdichtete religiöse Symbolik zu eigen gemacht: Seit 1948 ist die Menora offizielles Emblem des Staates Israel. Die israelische Flagge hingegen ziert der Stern → Davids, an dessen Abstammung und glorioses Reich damit erinnert werden soll.

Mondsichel

Die Mondsichel, meist grün, wird häufig als Symbol für den Islam verwendet. Es ist, genau genommen, die Sichel des Neumondes. Seit wann sie als Symbol für den Islam gilt, ist nicht eindeutig zu klären. Oft wird die Mondsichel auch mit einem Stern dargestellt und findet sich so in den Flaggen mancher arabischer und anderer muslimischer Länder.

Ihre Verwendung als Symbol für den Islam kommt wohl daher, dass sich die muslimische Zeitrechnung nach dem Mondkalender und nicht nach dem Sonnenkalender richtet. Nach den Mondphasen werden die wichtigen Feste im Islam berechnet. So beginnen und enden beispielsweise der Fastenmonat Ramadan und die Wallfahrt nach Mekka, wenn die jeweils Sichel des Neumondes gesichtet wird.

Die Farbe Grün als Erkennungszeichen des Islam ist schon im Koran grundgelegt. Grün wird direkt mit dem Paradies und mit der Barmherzigkeit Gottes in Verbindung gebracht. So heißt es beispielsweise in Sure 55,63, dass es im Paradies Gärten gebe »mit dunkelgrünem Blattwerk«, oder nach Sure 18,30 werden einst die Auserwählten im Paradies »in grüne Gewänder aus feiner Seide und Brokat gekleidet« sein.

Entsprechend trug schon die Standarte des Propheten die Farbe Grün, und die Moschee in Medina, in der er begraben ist, erhielt bald nach seinem Tod ein grünes Dach. Auch hohe Repräsentanten der Prophetenfamilie trugen bisweilen als Erkennungszeichen eine grünen Turban. Ebenso war im osmanischen Reich Grün die Lieblingsfarbe der Sultane, und den islamischen Mystikern, den Sufis, galt und gilt oft Grün als Farbe der Vollkommenheit.

Der Mondkalender spielt auch in Judentum und Christentum eine Rolle. Die jüdische Zeitrechnung richtete sich ursprünglich nach dem Mondkalender, seit dem 10. Jahrhundert ist der jüdische Kalender lunisolar: Die Monate werden nach dem Mond berechnet, das Jahr nach der Sonne. Das jüdische Pessachfest findet am Tag des ersten Frühlingsvollmonds statt, entsprechend wird das christliche Osterfest am ersten Sonntag danach gefeiert. Da die christlichen Konfessionen aber zum Teil nach unterschiedlichen Kalendern leben, ist bis heute umstritten, wann genau der Zeitpunkt des Frühlingsvollmonds und damit der Ostertermin ist.

OM

Das Zeichen »OM« wird häufig als Symbol für den Hinduismus verwendet. In der Tat spielt es in der Hindutradition eine zentrale Rolle, gilt aber auch Buddhisten und Jains, den Anhängern Mahaviras (eines Zeitgenossen Buddhas), als heilig.

»OM« ist nicht nur ein Symbol, sondern eine heilige Silbe, bestehend aus drei Buchstaben: A – U – M. In der klassischen indischen Schrift Devanagari schreibt sich das »A« wie eine 3, das »U« ist ein rechts angehängter nach unten geöffneter Haken oder Bogen, und das »M« befindet sich über dem »A« in Form eines fast halbkreisförmigen Bogens mit darin eingeschlossenem Punkt.

Die heilige Silbe OM ist ein »Mantra«, für Hindus das bedeutendste Mantra überhaupt. »Mantra« ist Sanskrit und heißt wörtlich »Werkzeug zum Denken«. Nach indischer Vorstellung wohnen einem Mantra eigenwirksame Kräfte inne, mit denen beim Rezitierenden mentale oder spirituelle Energien freigesetzt werden können.

Die Silbe OM findet sich schon in den hinduistischen *Upanishads* der vedischen Zeit [→ Hinduismus]. Im klassischen Hinduismus gilt sie auch als Symbol der drei Götter Vishnu, Shiva und Brahma.

Nach einer heute weit verbreiteten Deutung symbolisieren »A« und »U« den Bereich des Innerweltlichen: die untere Kurve des »A« symbolisiert das Körperliche bzw. den Wachzustand, das seitlich angehängte »U« symbolisiert das Geistige bzw. den

Traum, und die obere Kurve des »A« symbolisiert das Unbewusste bzw. den Tiefschlaf. Das »M« darüber besteht aus einem Halbkreis und einem frei darüber schwebenden Punkt. Dieser Punkt gilt als Symbol für das höchste, absolute Bewusstsein Es kann nur von denen erfahren werden, die jene drei innerweltlichen Bereiche überschritten haben. Der Halbkreis unter dem Punkt symbolisiert die Unendlichkeit, die zwischen unserem begrenzten irdischen Denken und dem absoluten Bewusstsein liegt.

Die Rezitation des OM – ein tief aus dem Bauch schwingender gleichmäßig lang gezogener Ton – soll helfen, in immer tiefere Meditation zu gelangen und sich so, in regelmäßiger Konzentration und Übung, dem absoluten Bewusstsein zu nähern. Ob man nun an solcherlei Vorstellungen hinduistischer Mystik und Metaphysik glaubt oder nicht: Wer an einem stillen Ort, aufrecht sitzend, mit ruhigem, gleichmäßigen Atem ganz konzentriert das OM rezitiert, wird erfahren, dass dies tatsächlich den Geist beruhigt und die Seele befriedet.

OM.

Rad

Das Rad – genauer »Rad der Lehre« oder »Rad des Gesetzes«, Sanskrit: *dharmacakra* – ist das bekannteste religiöse Symbol des Buddhismus und steht für die Lehre Buddhas.

Nachdem Siddhartha Gautama seine erlösende Erkenntnis hatte und zum → Buddha wurde, zögerte er zunächst, seine Lehre *(dharma)* zu verkünden, da er befürchtete, dass dies vergebliche Mühe sei. Der Legende nach war es Gott Brahma persönlich, der ihn gebeten hatte, seine Lehre doch zu verkünden, faktisch waren es fünf frühere Weggefährten, denen er sie schließlich auf deren Bitten in der »Predigt von Benares« als »Vier Edle Wahrheiten« verkündete. Damit, so heißt es in der buddhistischen Überlieferung, habe Buddha »das Rad der Lehre« in Bewegung gesetzt. Der Überlieferung zufolge werden auch die → Paradigmenwechsel vom ursprünglichen Hinayana- zum Mahayana- und zum Vajrayana-Buddhismus [→ Buddhismus] als weitere »Drehungen des Rades der Lehre« bezeichnet.

Die acht Speichen des Rades symbolisieren Buddhas vierte Wahrheit, den achtfachen Pfad, der schließlich zur Erlösung führen soll: »Rechtes Denken, rechtes Entschließen, rechtes Wort, rechte Tat, rechtes Leben, rechtes Streben, rechtes Gedenken, rechtes sich Versenken.«

Unter dem Maurya-König Ashoka (268 – 232 v. Chr.) wird der Buddhismus zur Staatsreligion. Nach dem Vorbild der persischen Achaimeniden lässt Ashoka im ganzen Land in Felsen auf Säulen und Steinzäunen Inschriften mit den Grundsätzen buddhistischer Lehre und Ethik anbringen. Hier begegnet uns erstmals auch das achtspeichige Rad als Symbol für den Dharma, Buddhas Lehre.

Das Rad der Lehre wurde auch in die Flagge des unabhängigen Indien aufgenommen. Zunächst war dort ein Spinnrad vorgesehen, zur Erinnerung an Gandhis Agitation. Bimrao Ramji Ambedkar, Indiens erster Justizminister, ursprünglich Kastenloser, konvertierte mit einer halben Million Kastenloser zum Buddhismus und wurde so zum Begründer des indischen Neobuddhismus. Auf sein Betreiben hin wurde das Spinnrad in Anspielung auf den indischen König Ashoka, der im dritten vorchristlichen Jahrhundert das erste und einzige buddhistische Großreich auf indischem Boden errichtet hatte, durch das buddhistische Rad ersetzt. Dieses Rad hatte jetzt aber nicht acht, sondern vierundzwanzig Speichen – offenbar als Symbol für die Stunden des Tages.

Yin und Yang

Yin und Yang sind zwei Begriffe aus der alten chinesischen Philosophie. Die ältesten Hinweise finden sich im »Buch der Wandlungen« *(I Ging)*, dem ältesten der klassischen chinesischen Texte aus der westlichen Zhaou-Dynastie (ca. 1045 – 770 v. Chr.), die Yin-Yang-Lehre gehört zum Grundbestand des Daoismus [→ Chinesische Religion].

Yin und Yang sind die beiden komplementären Urkräfte. Sie sind nicht direkt wahrnehmbar, doch offenbaren sie sich durch ihre Eigenschaften und Manifestation, etwa in den Gegensätzen Himmel-Erde, Licht-Schatten, Hartes-Weiches ... Im Wechselspiel der beiden Urkräfte Yin und Yang entstand einst die Welt und hat bis heute durch sie Bestand. Je nach Mischung dieser Urkräfte entsteht eine neue Konstellation, ja: Weltsituation; 64 solcher möglichen Konstellationen unterscheidet das *I Ging*.

Die bei uns bekannte und beliebte Darstellung der beiden Prinzipien Ying und Yang ist das Taiji (auch: Tai-Chi), im *I Ging* der Begriff für die letzte, höchste Wirklichkeit: zwei komplementäre Flächen, schwarz und weiß, in einem Kreis, einander durchdringend und ergänzend und in sich selbst jeweils punktförmig den jeweiligen Gegensatz beinhaltend. Die perfekte harmonische Integration, die perfekte Balance von Gegensätzen.

Nach chinesischer Lehre steht das dunkle Yin für das Weibliche, Weiche, Passive, Empfangende, auch für den Mond, das Wasser und die geraden Zahlen, es ist absteigend, still, rezeptiv. Das helle Yang steht für das Männliche, Harte, Aktive, auch für die Sonne, das Feuer und für die ungeraden Zahlen, es ist aufsteigend, expansiv, kreativ. Die beiden Punkte symbolisieren, dass beide Prinzipien auf dem Höhepunkt ihrer Ausbildung schon den Keim ihres Gegenteils in sich tragen und im Begriff sind, in dieses umzuschlagen.

Die 64 Konstellationen des *I Ging* werden durch 64 Hexagramme symbolisiert. Diese werden nach einem ausgeklügelten System aus den Paarungen von acht Trigrammen abgeleitet, die für bestimmte Eigenschaften, Elemente oder Materialien stehen. Die acht Trigramme ergeben sich wiederum aus den Dreierkombinationen von Yin- oder Yang-Zeichen; sie werden als waagrechte Linie,  entweder durchgezogen (Yang) oder gestrichelt (Yin), dargestellt. Im Daoismus wird das Taiji- oder Yin-Yang-Symbol oft in Kombination mit diesen acht Trigrammen dargestellt.

Register

In derselben Reihe liegen vor: